ＹＯＲＯＩを脱いで…

女たちが生き抜いた地域活動の軌跡と展望

一般社団法人ＪＡＵＷ（大学女性協会）茨城支部 著

文眞堂

はじめに

平和をめざして語り継ぐ

失われた若い命
奪われた学びの日々
戦争の嵐は　容赦なく
すべてを焼き尽くす
焼け跡に見つけた私の辞書は
手の中で　はらはら崩れた
学びの空白は心の渇き
いやしの水はいずこ
やがて焦土にも小さな草が芽吹く
戦争を知らない人たちに語り継ごう
戦いの悲惨さ　負の歴史を葬らず
平和なくしては
学びも幸せもないことを

ハングリーを生き抜いて

それは　空前のベビーブームに始まった
すし詰め教室
学校も職場も競争社会
企業戦士に専業主婦
この組み合わせは
ハングリーを生き抜くため？

豊かさを得た時　女たちは
見えない何かに気づく
私は何のために生きるか

外に出て「隠れみの」を取り去ってみよう！
新しい縁を求めて
そこには　今まで気づかなかった
地域や社会が
あなたを本当に求めている

豊かさがあたり前の中で

お父さんは　お仕事
お母さんは　家事、育児
女の子は　赤いランドセル
お父さんのいない　父兄会
生徒会長は　男の子

大学の教室で配られた「女性学」のチラシ
あたり前の女の子は　流行の服やスキーにテニス
モラトリアム世代は　親のスネかじり

仕事に就いても　寿退社はあたり前
コピー、お茶汲み…　女の仕事？

結婚して変わる自分のなまえ
ライフイベントの度に迎える「壁」
あらがいながら「ＹＯＲＯＩ」に気づく
「あたり前」って何だろう

次の世代に伝えたい
「ＹＯＲＯＩ」を脱いで
トビラを開ける
やわらかな「衣」をまとい…

目次

第Ⅲ章　トビラを開けて・・・―円卓会議から―　……　83

第Ⅰ章　ＹＯＲＯＩをつけて・・・

──支部の活動のあゆみから──

ＪＡＵＷ（大学女性協会・当時は大学婦人協会）茨城支部は、昭和23年発足以来、男性も女性もともに人として自分らしく生きていける社会をめざして、調査など独自の研修のほか、他団体との協力、行政との協働で活動している。

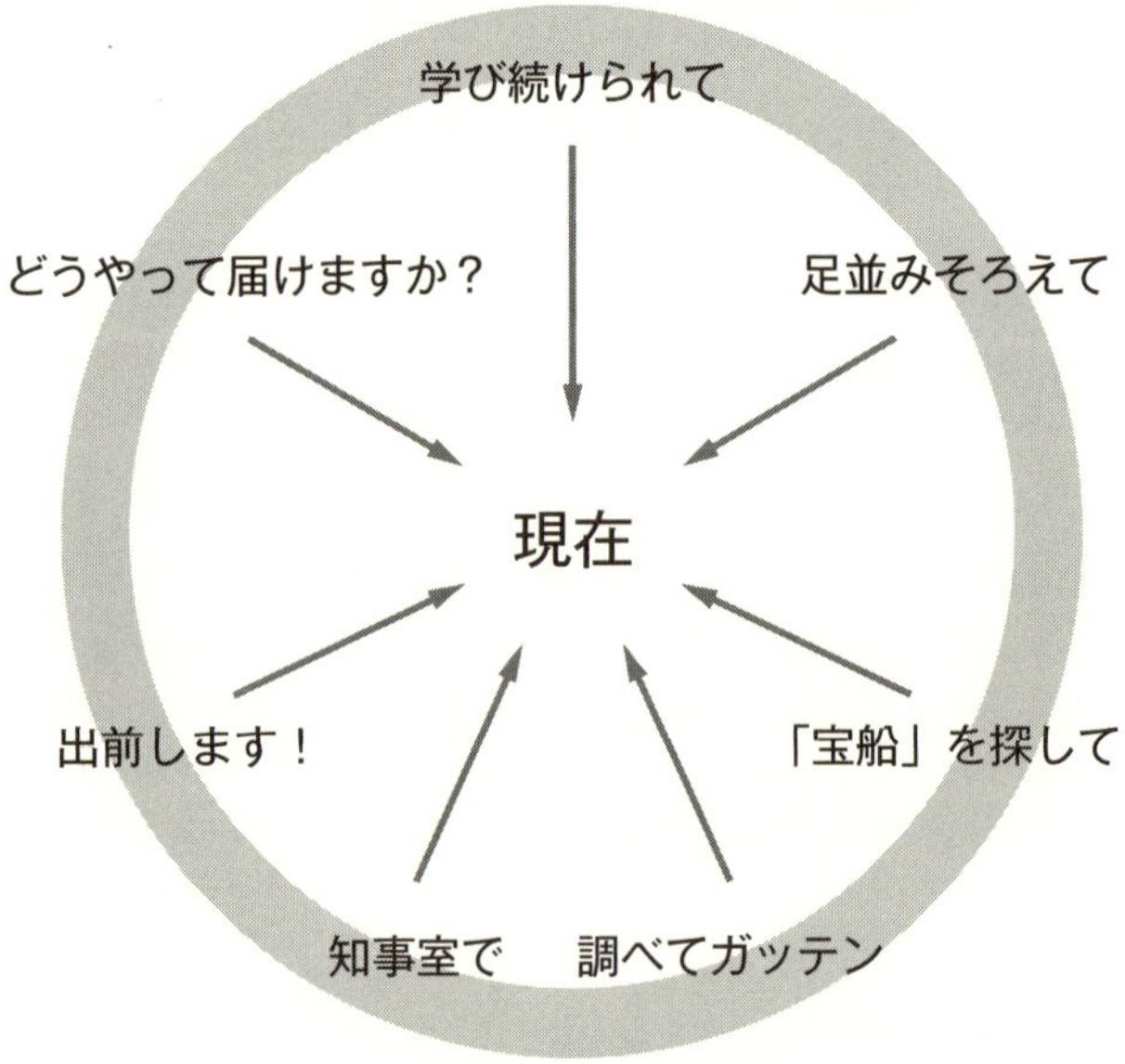
学び続けられて
どうやって届けますか？
足並みそろえて
現在
出前します！
「宝船」を探して
知事室で
調べてガッテン

第1節　学び続けられて　―戦争を経ても学び続けた者の使命―

消えない戦争の記憶、戦時下の教育はどのようであったか、会員３人が思いを語る。

学びの空白…学べる喜び

太平洋戦争の４年間、前半は普通授業、後半は軍需工場へ動員され、学びを奪われた。また、学校の礼拝にも憲兵の監視があったが、辛うじて聖書と礼拝が護り抜かれた。終戦から２か月後、学校の講義が始まる。学び盛りに授業がなかった残念さ、その反動で知識欲旺盛、読むもの聴くものすべてが、スポンジが水を吸うように身に沁みた。懸命に学びの空白を埋め、学べる喜びを知った。

紙風船づくりから解放されて

１９４３年、母の学んだ高等女学校に夢を膨らませて入学した。しかし、

風船爆弾とは？

コンニャクのりで貼りあわせた和紙の風船に爆弾を吊り下げたもの。第二次世界大戦末期追いつめられた当時の日本軍が最後の決戦兵器と位置づけた幻のように消えた兵器。千葉、北茨城、福島から偏西風に乗ってアメリカに向けて飛ばされ、実際に到達したのは、5%に過ぎなかったが、子どもを含む６人が犠牲になった。

学校は軍需工場となっており、毎日紙風船を作らされていた。「授業料を払ったのに何のための紙風船づくり?」…。

憲兵の厳しい監視の下、雑談も許されず作業内容を漏らすのも禁じられていた。その巨大な紙風船は時限爆弾を付けた戦争兵器だったと知るのは戦後のことである。終戦後、やっと学問と向き合えるようになった。読書や理科実験に思う存分取り組めた。戦後の学制改革で新制大学が誕生し、女子大学に入学し、毎日新しい知識を得たり実験できる事が夢のようにうれしく吸収できた。

母の言葉に支えられて

1938年2歳の時に父の仕事でローマに赴いた。到着の翌年から第2次世界大戦が始まった。父は1944年行方不明、半年後に死亡が確認された。欧州在住の日本人はフランスに集結させられ、船でアメリカの収容所に移送された後、終戦の年の暮に帰国した。

その後、母は縫物の内職をしながら私達兄弟4人を育ててくれた。夜中に目が覚めるといつもミシンを踏んでいる母の姿があった。「女だからこそ

第二次世界大戦の開始から終焉まで

1939年	第二次世界大戦が始まる（ドイツがポーランドに侵攻）
1940年	フランスがドイツに降伏（日独伊三国軍事同盟）
1941年	日本が真珠湾を攻撃（太平洋戦争勃発）
1945年	ドイツ無条件降伏
	広島、長崎に原爆投下、日本無条件降伏

ちゃんと教育を受けてしっかりしたものを身につけておくように。男ならどんなことをしてでも生きていけるが、女はそうはいかないから」と諭して私を大学まで行かせてくれた。私はお蔭で、教職に就き経済的に自立できた。

＊　＊　＊　＊　＊

そして、女性の資質充実と地位向上を目指して、高等教育への道を開く活動を始めたのは、戦後の混乱期の真っ只中だった。少人数ながら、やっと手に入れた選挙権を活用して、女性の地位獲得運動も続けた。まだ、日本が「戦後」だった頃だった。

第2節　足並みそろえて　―地域とつながる力―

茨城県婦人会館をご存知ですか…

県内の女性団体が「活動の場」を求めて結集し、女性たちの力で設立された婦人会館は、県内初、唯一の女性の城として1969年に完成した。婦人会館は各団体の拠点となり、私たち支部の事務局も置かれた。多くの講座や集会が催され、そこで学習や交流を重ねた私たちは水を得た魚のようだった。2005年の閉館までの35年、多くの女性団体の心と活動を支えた。

活動の場を得て地域デビュー

1985年の国際科学技術博覧会（科学万博つくば'85に備え、実地に役立つボランティア養成講座（通訳・病院・美術館）が開かれた。折しも社会の受け入れ態勢も整い始め、専業主婦から地域活動へ踏み出したい女性たちが力をつけ、県内各地域で活躍することになった。

女性たちが協力して盛り上げた万博を機に、その翌年茨城県婦人団体

茨城県婦人会館（水戸市常磐町）

連盟が発足した。

女性がもえた北京会議…学びから行動へ

１９９５年北京で開かれた世界女性会議ＮＧＯフォーラムに参加した多くの女性たちは、諸外国の多様な問題に触れ大きな衝撃を受けた。そこで「もっと知りたい」との思いから、目的の異なる県内の団体と手を組み「アジアの女性と人権」学習会や「ストップ・女性への暴力」シンポジウムを継続して実施した。これらの展開は県内におけるＤＶ防止活動の緒となった。

共催事業で連携、地域に発信

近年の支部では「地域でともに生きるには」をテーマに他団体との共催でシンポジウムや公開講演会などを実施している。

また女性団体ばかりではなく、地域の団体や大学、行政機関とで身近な課題を共有し、連携・協働を図っている。

世界女性会議とは？

1975年国連「国際婦人年」を記念して、第１回世界女性会議がメキシコシティで開かれた。その後、第２回コペンハーゲン、第３回ナイロビ。第４回会議は1995年北京市で開催され「平等・開発および平和のための行動」をめざし、世界190カ国から政府間会議およびNGOフォーラムあわせて約５万人が集結。日本からは茨城県の多くの女性を含め約６千人が参加。「教育・女性への暴力・女児」など12分野の行動綱領が採択された。その後、日本は「男女共同参画2000年プラン」を策定。茨城県では2001年「茨城県男女共同参画推進条例」施行。

第3節　宝船を探して　―活動を支える資金―

私たちの活動資金は自分たちで調達する必要がある。会費のほかは知恵を出し合い頭をひねり、様々な形で資金を工面してきた。

婦人会館建設のために

婦人会館建設の費用は1億1千万円で、内2千万円もの額が私たちの割り当てだった。人脈を頼りに地元大企業などに募金を依頼し、目標額を達成した。その後このような金額の募金を集めたことはない。当時の建設へ向けた情熱が皆の心を動かしたことがわかる。

開館後、民間ならではの事業として、他団体と協力し県内初のバザーを企画運営した。その収益は30年余にわたり福祉施設に贈呈した。

第25回ＩＦＵＷ国際会議に向けて

婦人会館では支部主催の「源氏物語」講座などを開講し、その受講料を寄付

宝船って？

第25回IFUW（International Federation of University Women；国際大学女性連盟）国際会議が1995年8月横浜で開催されるにあたり全支部へ寄付の要請がなされ、「宝船をよろしく」と表現された。それから寄付を「宝船」という言葉で呼んでいる。

に充てた。受講生は多い時には１５０人も集めることができた。講座の他には自然石アクセサリーの販売も行い、これらの利益の一部を支部から本部へＩＦＵＷ国際会議開催のための「宝船」として送った。後日、全国の支部の中で一番多かったとお褒めをいただいた。

近年、無料の市民講座が公民館などで盛んに行われ、バザーはフリーマーケット、インターネットオークションなどと競合し、私たちの主力収入源は減っていった。

調査実績と集計能力を磨いて収益アップ

私たちの活動のひとつに調査研究があり、その結果を基に提言を続けている。２０００年頃からデジタル化が進み、会員も自費でパソコン研修を受け調査集計の効率をあげた。地道な活動が認められ、県内の市町村から男女共同参画調査などの集計・分析を請け負い収益となった。

補助金事業への参画

現在、女性団体は行政から様々な事業支援を受けることが出来るようになった。補助金や助成金を使って公開講座やシンポジウムを開催し、私たちの思いを発信するのが今のスタイルと言える。一方で細々ではあるが今もバザーは貴重な資金源である。不景気や社会構造の変化で資金集めは容易ではないが、これから先も時代に合わせた方法で活動資金を工面していくだろう。

第4節　調べてガッテン　―知る喜び、知らせるための武器―

アンケート調査は１９８０年代に入った頃から、提言の裏付けとして活動の柱になっている。そのテーマは、福祉関係・青少年問題・生涯教育・家庭科教育・女性の参画・開発教育・環境問題・育児支援・国際交流・人権問題・若者の意識などと、折々の時宜にかなった課題を選んで受け継がれてきた。

アナログからデジタルへ

私たちの「知りたい」「調べたい」思いは調査の原動力となって実施されてきた。

パソコン導入前の集計は、総力戦で「正」の字を数える手作業だったが、分析結果が興味深く苦労とは感じなかった。ＩＴの普及により、その後はエクセルや統計ソフトを駆使し、より多角的な分析が可能となるなど驚きの進歩をみた。

2001年 男女平等教育リーフレット「あたりまえだという前に～考えてみませんか、男女平等～」家庭編（保護者向け）・学校編（教師向け）　日本語版・英語版

調査から啓発・提言へ

１９９９年に実施した県内男性への人権に関する調査の結果、ドメスティック・バイオレンス（ＤＶ）（※１０９ページ参照）に関わる背景として「男女平等意識」の欠如が浮き彫りになった。この意識に注目し翌年に大学生対象の調査を実施。その内容をリーフレット「あたりまえだという前に」にまとめ家庭や学校向けに発信した。

さらに、２００８年若者の意識について調べたところ、「性別役割分業意識」へのこだわりが若者に残っていることから、男女間に起こるデートＤＶの実態もあわせて調査した。そうした活動の軌跡を基に作成した小冊子などは、出前講座の資料として活用されている。

２０１２年ＪＡＵＷ本部との協働で実施した全国規模の高等学校家庭科に関する調査から、実習に偏りがちな現状が見えた。茨城支部では「家族・家庭」「男女平等」などにも時間を取り、生徒が自分の問題として気づき学び合う工夫が必要だと茨城県教育長に提言した。

次世代に届けたい…数字に隠されていることを

集まった調査用紙には、実に多くのことが読み取れる。これまでの蓄積を基にした具体的数字は教育や行政の場で効果的な話し合いのきっかけとなっている。これからも社会の課題についてアンテナを高くし、次世代への発信・共有に努めたい。

DV防止啓発リーフレット（若者向け）
「大人に向かって成長していくあなたへ」
（2008年度 茨城支部作成）

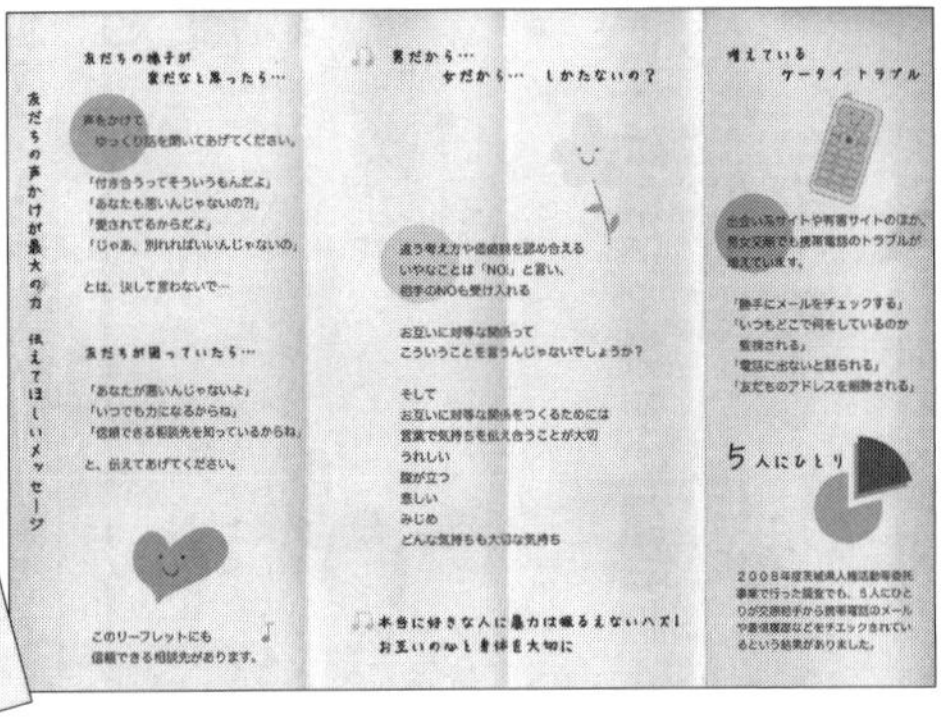

DV防止啓発啓発小冊子（保護者向け）
「心とからだを大切に」～若者に増えているトラブル～
（2009年度 茨城支部作成）

これら啓発資料は、2008年度に支部で実施した調査「若者の意識と実態」の結果を基に作成しました。

第5節　知事室で　―活動見直しのきっかけ―

「皆さんのこのような力を地域の中で直接生かすことはできないでしょうかねー」。

１９９７年春、支部の研究活動「ディシジョン・メイキングへの女性の参画―研究から行動へ―」をまとめた報告書を提出した時、知事から発せられた言葉。その時。同席した会員たちは、この言葉に皆ハッとさせられた。

活動の主体は調査研究だった…

これまで私たちは様々な社会問題を取り上げ、地域の実態や意識の調査から得られた結果を、関係機関や大学女性協会本部主催のセミナー等に向けて発信し、それなりの評価を受け、活かされてきたと自認していたのだが…。

それまでは限られた人数しかいない大卒女性たちが、女性の地位向上を目的に結成した団体の背景から抜け出せず、これまでの活動は上から目線ではなかったか。テーマについても本部が決めたものをそのまま使い、「ディシジョ

女性行政を全庁的に

1997年当時、県では女性青少年課は福祉部内にあった。私たちは、男女共同参画は全庁で取り組むべき課題であると考え、「全庁的な部署に置いてほしい」と要望した。このことが後に女性青少年課が知事公室に置かれるきっかけのひとつになった。

ン・メイキング（意思決定）」という文言に、抵抗を覚えた会員もいるだろう。地域社会の課題に直結したテーマに取り組むなど、他のやり方もあったのではないか。知事の言葉によって「目線を変え、より実効性のある内容で、地域の人々と共に向上すること」だったと気づき、活動見直しのきっかけとなった。まさに目からウロコ。

地域とともに…

時代は、男女共同参画社会基本法の施行直前、女性を取り巻く課題や関心も大きく変わっていた。そして大学女性協会は発足50年を迎えようとしていた。

以後、支部活動は核となる調査研究を続けながら立ち位置を変え、地方自治体との協働事業、他団体との連携強化、出前講座の実施などに大きく舵を取り「地域とともに生きる」がテーマになっていった。

社会の変化とともに、私たちの役割も変化していると思われる中、活動を見直しつつ、地域に根差したシンポジウムやワークショップを取り入れるなど活動はさらに多種多様化している。

これは最近の茨城大学連続出前講座のアクティブ・ラーニングへと繋がっていった。

第6節　出前します！ ―地域とともに生きる―

男女平等を進めるために、その法整備が進むも、現実の生活の場ではまだ浸透しているとは言えず、私たちにできることはないかと模索していた。

地域に活動が伝わっていない…出前講座をしよう

２００４年「今、男女平等ってどれだけ実現しているの？」との呼びかけに集まった会員で研究チームを立ち上げた。県や市町村の条例などを学び情報交換する中で「私たちの活動が地域の人たちには見えていない」との意見にみんなが納得、「地域でともに生きるには」をテーマに出前講座を実施することとした。

試行錯誤を重ねてブラッシュアップ

出前講座では、男女共同参画がなぜ必要なのか共通理解し、隠れたカリキュラム（※85ページ参照）にも配慮しつつ、男性も含めこれまでの意識を

出前講座

《目的》男女共同参画社会について、易しく、わかりやすく、身近な問題として対等な立場で気づき合うスタンスで

《内容》対象者・開催地との話し合いによりサブテーマを決める

《方法》ビデオ視聴、講話 (PP 使用)、意見交換、

《資料》調査結果、DV 防止啓発リーフレット・小冊子など

問い直す機会とした。特に「生活の目線を大切に、対等な関係で話し合う場づくり」に心がけた。

まず、出前先の開拓のため開催要領と支部の概要を添えて各方面に呼びかけ、それぞれ対象に応じたサブテーマを決め、講座の方法や切り口に工夫した。「男女共同参画」「ＤＶ」などの表現に距離感を抱く対象者へ理解を得る難しさがあるものの、地域でともに生きる者同士として生活の場での具体的な話し合いに努めた。

実際に出前するにあたっての役割分担（支部紹介、司会進行、講話、記録、写真など）やそれらの連携プレーは欠かせない。試行錯誤の結果、パワーポイント（ＰＰ）作成でのグラフ化や文言の工夫など議論を重ね、誰もが講話できるように心がけた。それはＩＴスキルのブラッシュアップにもつながった。

その中で、講座の事前事後の打ち合わせの大切さを認識し、メールも含め情報交換に努めた。さらに、率直な感想を出し合い、次に向けての共通理解を徹底するなどの課題も残った。

出前の対象とサブテーマの例

＊公民館研修グループ　「自分の人生、いきいき暮らすために」
＊自治会ふれあいサロン　「夫婦で温度差ありますか？」
＊行政職員研修　「男女共同参画の視点・各部署の施策展開のために」
＊相談関係地区研修　「男女共同参画社会の実現に向けて」
＊中学校家庭教育学級　「若者に増えているトラブル・デートDV」
＊中学生および保護者・教諭　「大人に向って成長していくあなたへ」
＊大学生　「ワークライフバランスを考える」など

参加者の声から…各種の講座に出向いて

〈公民館研修グループで〉
＊自営業で夫婦共働きだが、夫をたてるのがいい女の条件だと思っていた。
＊高度経済成長期の男性を責められない、社会全体がそういう時代だった。
＊（男性）今日の話をもっと早く聞きたかった。そうすれば、妻との対等な関係や、わが子の人生の節目に向き合うことができたのではないかと思う。

〈自治会ふれあいサロンで〉
＊うちは男女共同参画をしなくても、家庭は役割分担してちゃんと回っているからいいが、私たち夫婦を見て子どもたちはどう考えるだろうか？
＊結婚した息子が家事をする姿は可哀想と思うが、本人は至って平気だ。
＊育休明けに、姑から「子供が可哀想、もう一人産まないの」と言われた。

〈行政職員研修で〉
＊女性から見た男女共同参画になりがちだが、男性視点の施策も必要。
＊ボランティア活動に男性を巻き込んだら男女共同参画の実践になった。
＊「男女共同参画」のもっといいネーミングはないものか？
＊施策の展開として男女共同参画係でなく、全庁的な首長直属が効果的。

〈相談関係地区研修で〉
＊男女共同参画を進めるには、女性が働きにくい差別や不平等などの各論から入ると分かりやすい。
＊ DV に関しては二次被害を防ぐために相談員の専門的な研修が必要。

〈中学生および保護者・教諭で、デート DV について考える〉
＊自分も「男だから」「女だから」という意識があるなと思った。
＊デート DV は意外と身近なことだと感じ、無意識なのが恐ろしい。
＊たとえ嫌なことがあっても、暴力での解決ではなく、話し合いが必要と思う。
＊恋人関係だけでなく、友達や身近な人に思いやりを持って接したい。
＊（保護者）デート DV はまだ先の話と思っていたが、家族でよく考えたい。

第7節　どうやって届けますか？　―やはり「手渡し」で！―

だれもが幸せな社会であれと願い活動を続けてきた私たちは、何をどうやって伝えれば理解してもらえるのか、地域への発信に腐心してきた結果、たどり着いたのは…。

ひとつの切り口として

発信のための切り口のひとつは「男女共同参画」であった。男女間の社会的格差は依然残る中「女性の権利のみを主張する」といった抵抗感を持っている人が意外と多く、見えない壁のようなものを感じていた。そのような状況下、私たちは発信力を高めるための実践企画セミナーに参加し、「伝える」と「伝わる」は違うということを再認識した。

セミナーの内容から

企画力アップのためには、①ターゲットとコンセプトを絞ること、②団体の使命、目的が理解され信頼が得られること。また、「伝わる」コツは、①受け手の発想に立つ、②目的と課題を明確に伝える、③上から目線の押し付け主張は企画者側のエゴ、④相手に心を開いてもらえるような工夫と対話するような伝え方が大切。

ここでの対話とは、独りよがりのメッセージではなく、受け手の「気づき」を促し、どう伝わるかを考える。「一緒に勉強しようよ！」「一緒に考える時間が持ててうれしかった」「聞いてくれてありがとう」など柔らかくかみ砕いて、言葉のキャッチボールをする工夫である。

デートＤＶ防止などの啓発活動では、思春期の子どもたちに暗いイメージや男女交際を怖いものという印象を与えないようにする。特に実際体験している若者へ配慮して言葉には細心の言い回しが重要である。

「思い」の小包を手渡しする

私たちは、知らせさえすればまずは安心というインフォメーションではなく、一緒に自分の経験や思いを出し合ってコミュニケーションを創り上げていくことが大切であることを学んだ。次のステップとして若者に「自分の言葉で語る」ワークショップを試みた。

人は心が動いてはじめて行動できる。心に忠実に語るからこそ、人に感動や共感が生まれる。対話を通じて「思い」を手渡し、伝えたい「思い」に応えてもらう。伝える楽しさ、伝わる喜びを味わいながら「双方向」というキーワードにたどり着く。

茨城大学での2年間の実践はその検証であった。

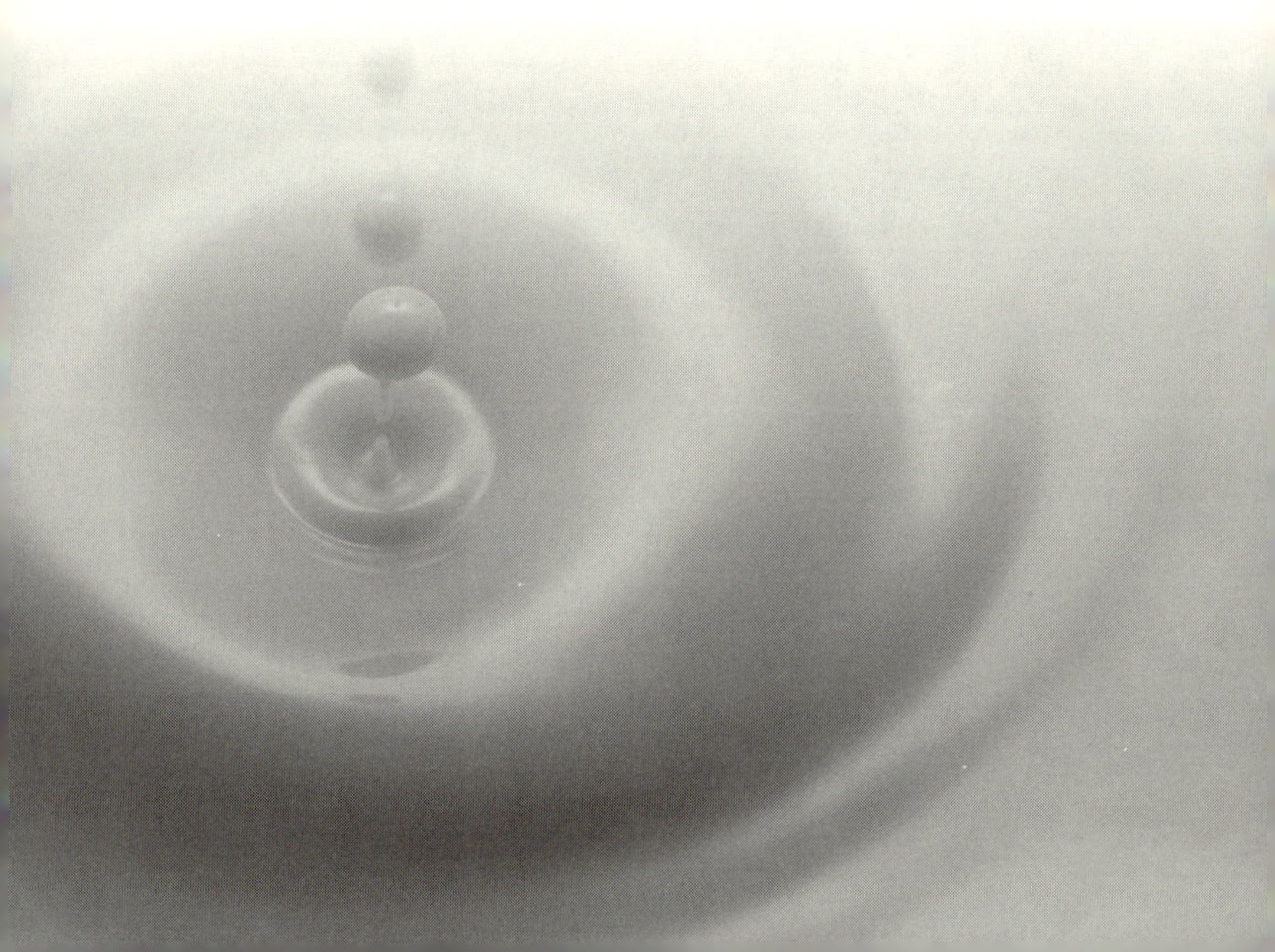

第Ⅱ章　YOROIを脱いで・・・

―茨城大学連続出前講座から―

重ねた言葉から
—相互理解のための作業—

対話の場から未来へ

思い込みの文化

恥ずかしいけど脱いでみた
—思いの丈をはきだして—

まるでお芝居のよう
—マンガからワークへ—

「幸せ」な感じって？

男女雇用機会均等法制定から30年…。

茨城大学准教授・長谷川幸介氏の教養科目の授業「日常再発見～3つの間（時間・空間・人間）を羅針盤に～」でゲストティーチャーとして、2年にわたり連続3回の出前講座の機会を得た。

テーマは「仕事」を核にワークライフバランスについて考えること。

調査結果とその課題を伝えるとともに、相互に意見交換し、学生自らが気づき、意見を述べる時間を共有した。

この章では連続講座の内容をまとめた。

◆枠内は学生の声

◇日　程	2014年　10/28, 11/4, 11/11　3回 いずれも 16:20～17:50（90分）
◇場　所	茨城大学　構内
◇対象者	茨城大学教養課程学生　約80名
◇参加者	支部会員　各回8名

◇日程	2015年　6/16, 6/23, 6/30　3回 いずれも 16:20～17:50（90分）
◇場所	茨城大学　構内
◇対象者	茨城大学教養課程学生　約50名
◇参加者	支部会員　各回8名

第1節　重ねた言葉から　―相互理解のための作業―

アクティブラーニングですね

従来の出前講座と違った試みとして、学生たちに一緒に考えてもらう時間を多く取り、参加型授業（アクティブラーニング）の手法を取り入れた。

１回目の授業では、２０１２年に県内の高校生を対象に支部で実施した「若者の意識調査」の結果を提示しデータについて意見を求めた。データはＰＰに映し出したが、分かりやすいように手元資料も事前に配布した。

◆ＰＰのプリントが配られ視力の弱い人にも配慮されていて良かった。

より興味を持ってもらうための資料配布が別の意味でも役立った。

さて意見を聞く方法として、最初は個人で考察し、その後グループで討議し、出た意見を発表してもらった。普段は真剣な討論をしない学生が多い中、他の人の意見を聞くことは新鮮だったようだ。

◆グループ学習でたくさんの人の意見を聞くことができて、自分の考え方といかに他の人の考え方が違うのかが分かって良かった。

また、高校生の時にアンケートに答えた学生が数人いた。本人にアンケートの意図を伝え、結果を還元し、ともに内容を考えることができた。これはまさに私たちの求めていた活動の形だったと思う。

◆アンケートに答えていただけで、結果は注視していなかったので細かい結果がわかってよかった。

2回目では漫画の吹き出しを考えるワークショップを行なった。
（※40ページ参照）
短時間で話し合い、内容や役割を決めて演じてもらった。皆ロール

プレイを楽しんでやっていた。

◆ワークショップは初めての経験だったが、他人の意見を聞いて自分の先入観を外すことができる素晴らしいものだと知ることができた。またやってみたい。

3回目は代表の学生を数人選び、先生、会員を交えてシンポジウムを行なった。（※■■ページ参照）

◆自分の意見を言う機会が何度もあり最初は嫌だったけど、だんだん慣れて自分の考えがまとまってきた気がするので、自分にとってプラスになったと思う。
◆自分と同年代の仲間たちの話を聞いて、いろんな考え方があるなと思った。自分にはこれまでなかった考え方を自分の中に取り入れることで、自分の将来に新たな考え方が生まれた。
◆家族以外と男女について話したことがなかったので、他人の意見を聞けてよかった。

3回目の最後に学生自身に講座の内容を思い出し心に刻んでもらうために、総括的な感想を書いてもらった。

◆男女平等は想像以上に根深い問題だということを知った。やはり男女がそれぞれ協力し合える社会が一番良い社会だと考えた。
◆普通だと思って生活しているけれど、その社会の中に男女の問題が沢山あることに気づくことができた。
◆講師の方々が一方的に話す形式ではなく、学生の意見を聞く形式で意見が共有できたので良かった。
◆前回・前々回の感想をまとめた資料が配られ、どのような意見があるのか把握できた。

予想以上に講座の内容に興味を持ってもらえた。様々な形でアクティブラーニングにトライし、学生にも普通の授業にはない刺激を与えることができたと思う。

講座の裏側で…言葉のキャッチボール

できる限り学生の思いや意見を知り、講座に対する興味を確認しながら次の講座を進めるために、毎回最後に振り返りシートを記入してもらった。

講座後、分担して振り返りシートを打ち込み、編集、メール添付、会員で共有。

それに基づき、学生の質問や意見に応えるために「キーワード」を絞り込んで急いでデータを用意し、翌週の講座に備えた。

講座の日以外はほとんど打ち合わせのできない中、1週間で形にするのはとても大変だったが、メールと電話で何とか乗り越えた。学生の声に真剣に向き合えた事は、今後の私たちの活動のための財産になった。

講座の内容について、学生の声（発言や振り返りシート記載文言）を交えながら、次に示す。

学生の振り返りシート

第2節　思い込みの文化

クイズです…

「大学病院の有能な外科医のもとに交通事故にあった男の子が運ばれてきました。父と息子が二人で走行中事故にあい、父親は即死、その息子が救急搬送されたのです。そこで、男の子の顔を見て、この外科医が言いました。『自分にはこの子の手術はできません。この子は実の息子だからです』と。さて、この外科医と子どもの関係は？」

講座で導入に利用したクイズ。あなたの答えはいかがでしょう。

外科医は男性…？　父親が亡くなっている…では婚外子…？

◆外科医は男という固定観念があったので、養子という考えしか出てこなかった。
◆外科医の例を用いて、普段はあまり気にしていなかった固定観念を示されて、わかりやすかった。

答えは母と子。女性の外科医を想像できれば「なるほど」と言える。だが、ジェンダー（社会的につくられた性差）と固定的な仕事イメージが強いと婚外子？　に至ってしまう。

そういった思い込みによって、気づかないうちに職業選択の幅を狭めることもある。

次の世代を担う大学生が、自分らしく生きていくきっかけを逃す事なく幸せな人生を歩んでいってほしいと、願いをこめて学生たちと学ぶ時間を共有した。

そこで、２０１２年に県内の高校生に支部で実施した調査結果（図１～図６）をもとに話し合った。

らしさって何なんだろう？

図１は生まれた性にそった「らしさ」。男子学生の約６割が「男らしさ」にしばられ、逆に女子学生の約６割が「女らしさ」にこだわらないことを示している。

◆男らしさ、女らしさはあってもいいと思う。男女平等の問題は人として思いやりを持てば、良くなっていくものだと思う。

図１　自分は［女・男］だから［女らしく・男らしく］しなければならない

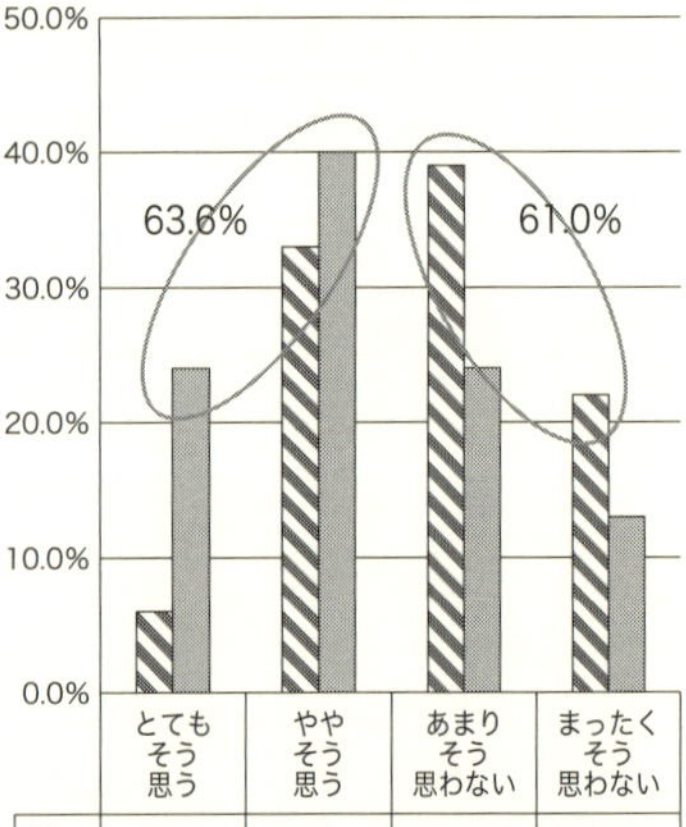

	とても そう 思う	やや そう 思う	あまり そう 思わない	まったく そう 思わない
女	6.4%	32.5%	38.8%	22.2%
男	23.6%	40.0%	23.8%	12.6%

◆普段考えないが、まだまだ「男らしさ、女らしさ」を気にする概念があることに気づいた。「自分らしさ」を大切にしていきたいと思った。

◆「男らしさ、女らしさ」のプラス面とマイナス面の両方からの検討も必要。

◆「男らしさ」や「女らしさ」は世間が勝手に決めた尺度で個々人が気にする必要はないと思う。自分自身、工学部に所属し男ばかりの中にいるので「女らしくしろ」とか言われるのは不愉快になる。これは男性にも言えることだと思う。

◆男でも泣いて良かったのだと共感できる部分があった。男と女の役割に縛られているのは親やマスコミに影響されている。自分にも気づかない差別的な面を持っていたのだと思った。

きっと一番大事なのは「自分らしくある」ことなのだろうが…、それすら家庭や教育や環境によって変わっていく。性別による「らしさ」を強調することで、個性や能力を発揮できないこともある。

また、図2は社会的・文化的につくられたジェンダー観を代表するものとして、「男は仕

図2　「男性は仕事、女性は家事・育児」という考え方は良い

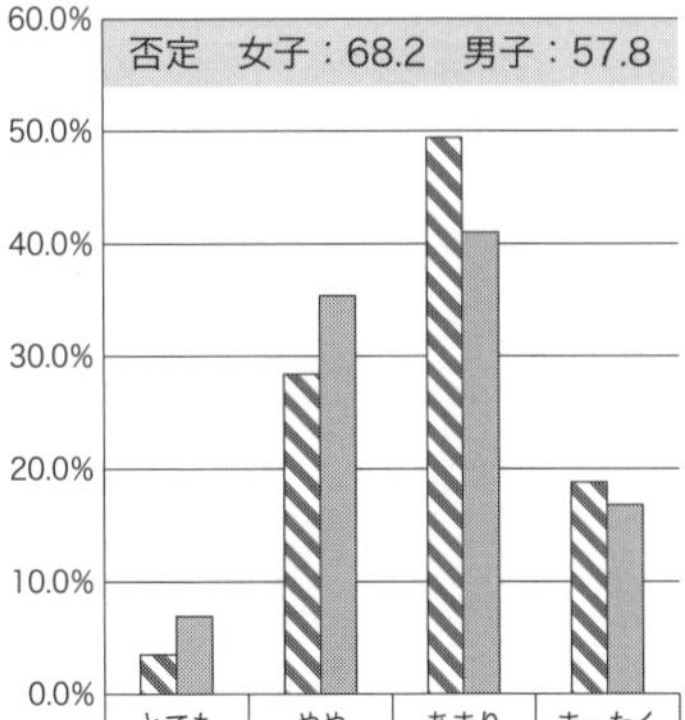

	とても そう 思う	やや そう 思う	あまり そう 思わない	まったく そう 思わない
女	3.5%	28.4%	49.4%	18.8%
男	6.9%	35.4%	41.0%	16.8%

事、女は家事・育児」という考えについてたずねたもの。

これには、高校生は男子の約6割、女子の約7割が否定的な回答。つまり3割を超える男女が性別役割意識を持っている。

◆私の家族は共働きで、家事は4人兄弟で分担していた。私が将来家族を持ったら、男＝仕事、女＝家事で考えずに家族みんなでどうするべきか考えたいと思う。
◆現在でも「男は仕事、女は家庭」という考え方は普通に残っているので、女性として先輩方の意見を将来の育児に活かせたらいいなと思った。
◆最近の若者は女性に家事を押し付けようという考えはあまりないと思う。
◆私自身将来は働きたいと考えているので、結婚するのであれば、家事・育児を協力してくれる男性と結婚したい。将来はお互い協力していく態勢ができればいい。
◆私の両親は共働きで、母は仕事と家事に追われ、亭主関白な父の態度にストレスを感じ離婚を決意したのだと思う。私は仕事もしたいし結婚して幸せな家庭を持ちたいとも思う。やはりパートナーの協力が重要になってくると思った。
◆男性は仕事、女性は家事という考えはどうにもなくなりそうにない。でも、その考えは間違っていると言われれば、どうなのか?もしその考えが強制されるようなら、いけないのかもしれない。しかし、男は仕事の方が、女性は家事の方が向いているのは確か。夫婦でうまく折り合いをつければ、その考えでもいいのかと思う。

◆学校側はよく「役割分担」させたがるが「ジェンダー」について客観的に考えてみたい。古い意識を「伝統」とするか「固定観念」とするかは難しいと思った。

おんなのシゴト？

家事はだれがするの？　家事が女性のシゴトと考えられて久しい。「男子厨房に入らず」と言われる時代が長かったが、図３は食事の管理に関する若者のイメージが見て取れるもの。女子学生の58・3％が「女性の役目」と考える一方、男子学生の54・4％がそう思わないと答えている。

◆男よりも女の方が食事の栄養バランスを考えるべきだと思っている自分に気づき、小さいことだが、それもジェンダーなのだと気づけてよかった。

一時代前に「彼氏の胃袋をつかむ」と恋が成就？　するといわれたが、最近では男性向けの料

図３　家族の栄養バランスを考えるのは女性の役目だ

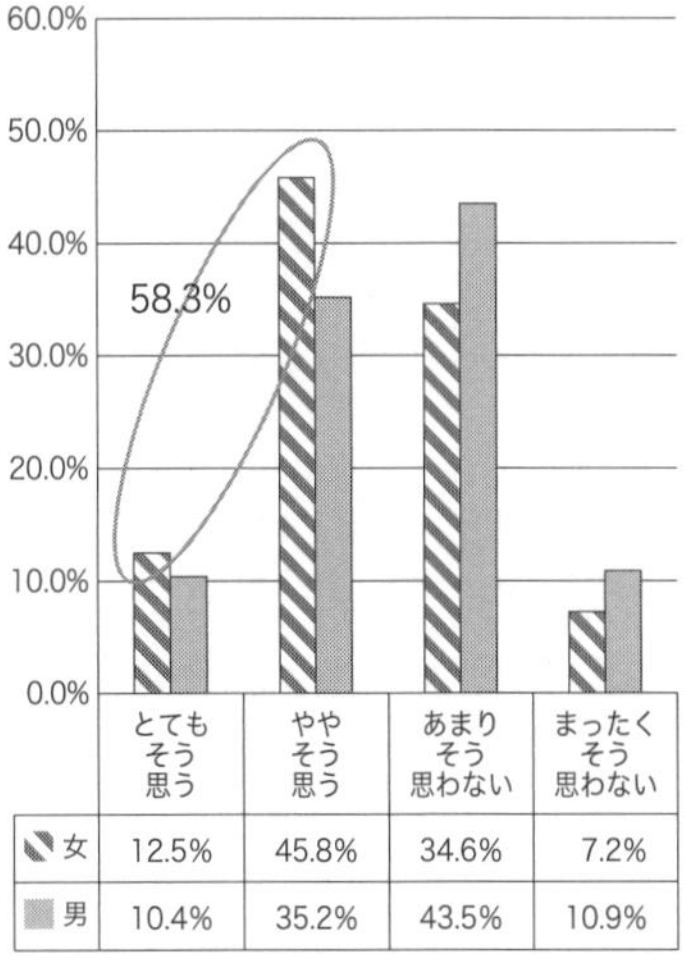

	とてもそう思う	ややそう思う	あまりそう思わない	まったくそう思わない
女	12.5%	45.8%	34.6%	7.2%
男	10.4%	35.2%	43.5%	10.9%

理番組が増えるなど、状況が変わりつつある。

給料は平等？

「社会のなかで女性は、男性と平等にあつかわれている」と思っているのは、女子より男子が多く、逆に女子の約6割が平等に扱われていないと感じている。（図4）

職場での平等観に関する図5では、「働く男性と女性の給料や地位に差がある」と、6割を超える男女が思っている。その中でもこの考えを肯定するのは男子より女子の方が多い。

◆働く男性と女性の給料や地位に差があるというのは、元々の設定が違うからか、それとも能力の違いか？

図4　社会のなかで女性は、男性と平等に扱われている

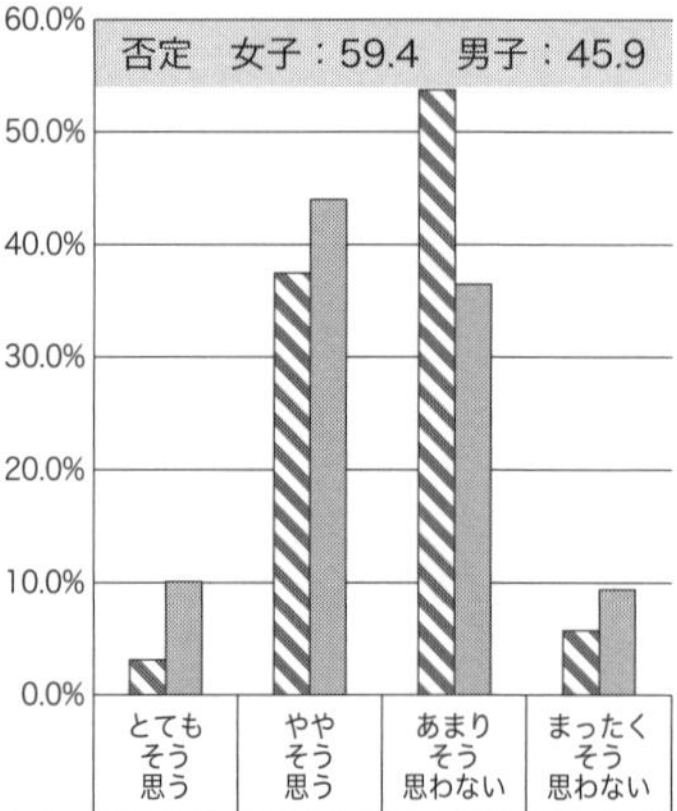

	とてもそう思う	ややそう思う	あまりそう思わない	まったくそう思わない
女	3.1%	37.5%	53.7%	5.7%
男	10.1%	44.0%	36.5%	9.4%

図5　働く男性と女性の給料や地位などに差がある

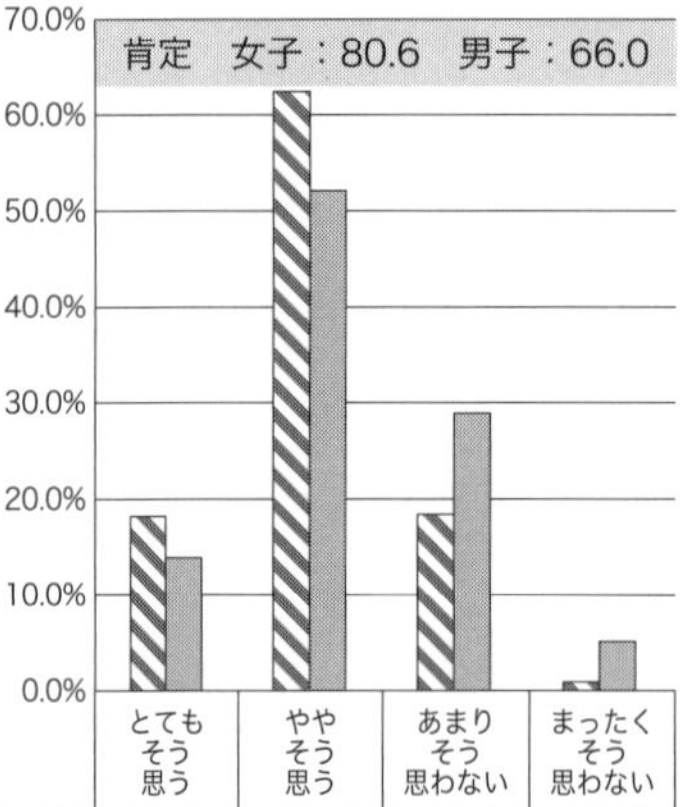

	とてもそう思う	ややそう思う	あまりそう思わない	まったくそう思わない
女	18.2%	62.4%	18.4%	0.9%
男	13.9%	52.1%	28.9%	5.1%

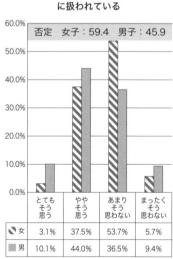

学生の質問に答えて、「男女間賃金格差の推移」のグラフを次の講座で提示した。年々改善されているが、平成25年でも、男性１００％に対して女性の給与は71％に過ぎない。現実として男女で賃金格差があり、同一価値労働同一賃金の課題が浮上している。非正規雇用の割合も女性が多いことなども併せて伝えた。

◆体力的に職業が制限されるのは仕方がないとしても同じ職場で男女の給料に差が出てはいけないと思う。
◆就職した時に私も同じ経験をすると思うと噴りを感じた。
◆男女平等でないことも多いと分かったが、自分の周りでは実感できない。

男女間賃金格差の推移

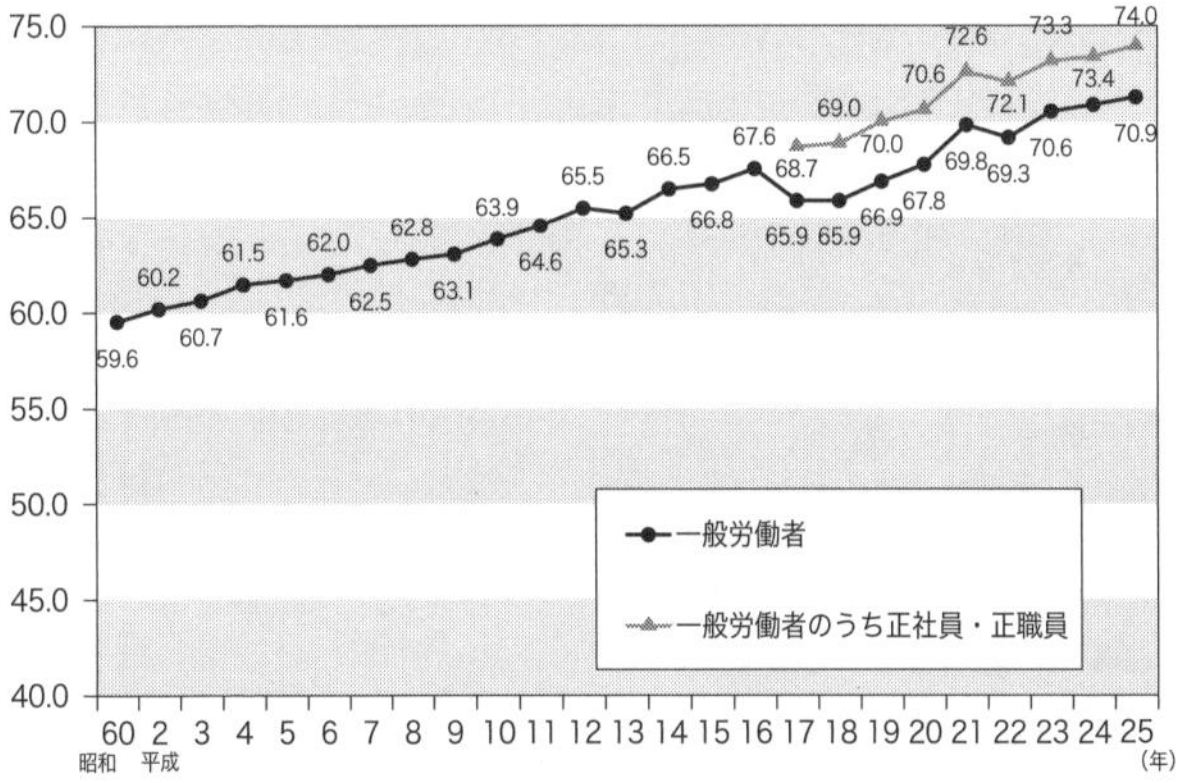

資料出所：厚生労働省「賃金構造基本統計調査」
注：1　男性一般労働者の所定内給与額を100.0としたときの、女性一般労働者の所定内給与額の値。
2　一般労働者とは、短時間労働者以外の労働者をいう。
3　「短時間労働者」は、常用労働者のうち、１日の所定内労働時間が一般の労働者よりも短い又は１日の所定労働時間が一般の労働者と同じでも１週の所定労働日数が一般の労働者よりも少ない労働者をいう。平成16年まで「パートタイム労働者」の名称で調査していたが、定義は同じである。
4　正社員・正職員とは、事業所において正社員・正職員とするものをいう。

どんな仕事を選ぶ？

「希望職業」の図6では、従来から女性が従事している仕事は女性に多く、男性の仕事とされている職種には男性が多く希望している。

就きたい職業について高校生にたずねると、男女とも会社員、教員に人気が高いが、これらに次いで希望が多いのは、女子では保育、看護に対して、男子は交通関係、警察・消防、ＩＴ関連などとなり、その男女差が大きい。

◆仕事は、個人が好きなものに就ければ良いと思う。
◆女性がふつう男性のやるような職業に就くことに対する偏見は、少しずつでもなくなるべきと深く共感した。
◆自分が本当にやってみたいことを優先して考え

図6　希望職種（抜粋）

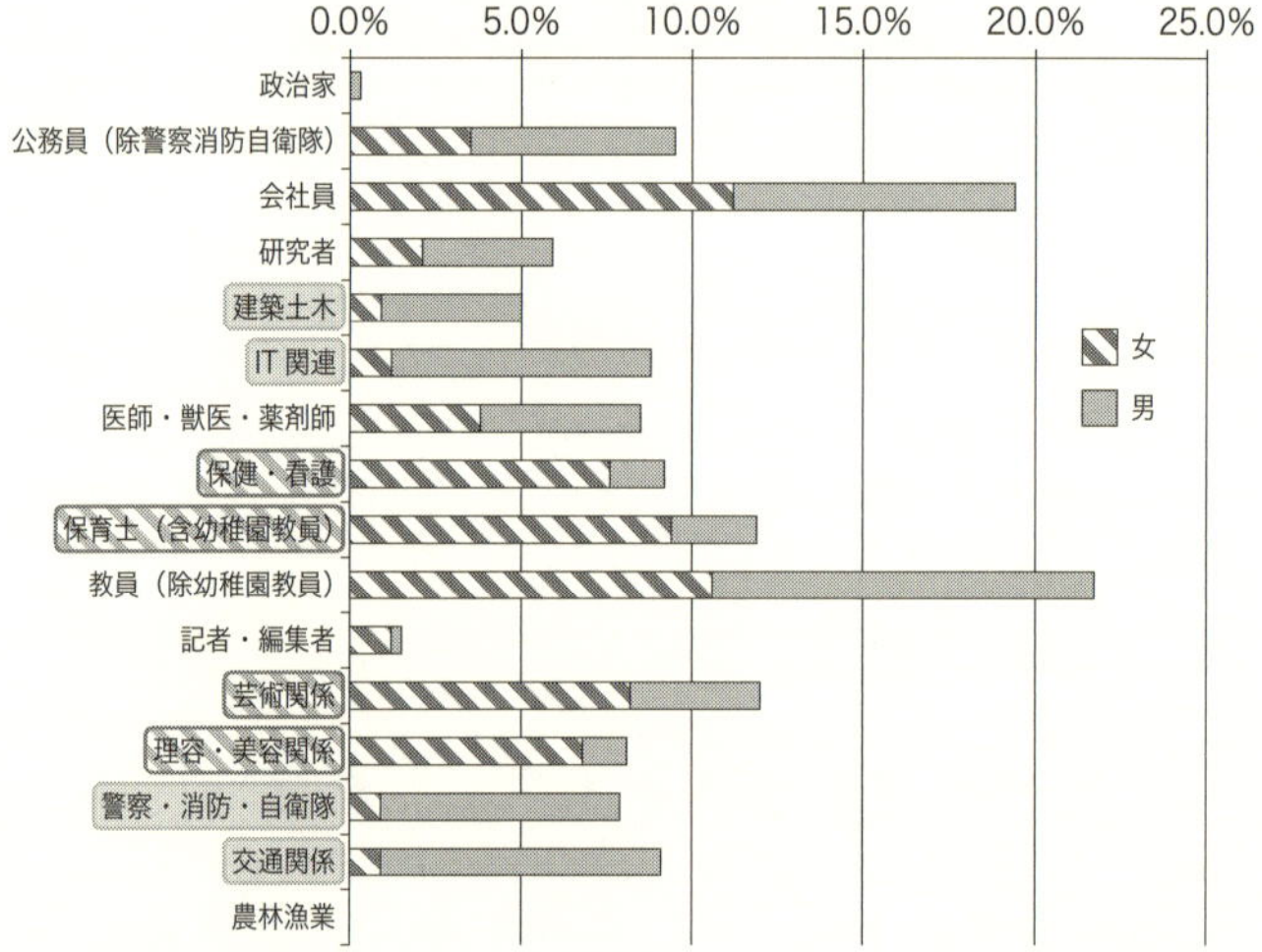

るのか、安定した給料と社会的地位を考えて選ぶのかについて最近悩んでいる。
◆最近政府が打ち出した公務員の一定割合を女性にするという方針は、選択を平等でなくすものであり、本質的に男女不平等を助長するものだと思う。
◆土木・ＩＴなど男のイメージが強い職業に男性が多いことが分かった。
◆農業県なのに農林漁業希望がすごく少ないのはヤバイ！
◆体力面などで男女それぞれ向いている仕事はあると思うので、男女比が偏っていることが必ずしも悪いことではないと思った。

最近バスやタクシーで女性ドライバーが増えている。保育士や看護師に男性がつくこともあり、少しずつ変化している。自分らしく幸せに生きていくために適職を選び、キャリアを積むことは大切なことだ。この道一筋で人生を全うできる人は少ない。

職業選択において、男女とも固定的な性別役割の「思い込み」が強すぎると、可能性の幅を狭めてしまうかもしれないことを伝えた。

男女共同参画と社会との関係
～長谷川先生の講義～

ここで、男女共同参画に関する短い講義をすることにします。（講義内容は箇条書きで表記：長谷川）

① 人間は未熟な（障がいをもった）哺乳類だから、弱肉強食の地球環境では独りでは生きられない。

② したがって、障がいを克服する「幸せ装置＝社会」を作りあげた。

③ この幸せ装置に加わる（＝社会化）に生涯の四分の一もかける動物だ。

④ この社会化のプロセスは、時代や文化に影響され、「枠に入る」ことを強要する。文化化という用語も同じ意味だ。

⑤ 日本では日本語を習得し、アメリカでは英語を習得するように「枠の中」で大人になっていく。

⑥ この枠の大きな柱に「男と女」という標識が入っている。肉体的性差ではなく、社会的・文化的性差（ジェンダー）と表現されているものだ。

⑦ この「枠」は時代や文化によって変わるにもかかわらず、あたかもずっと不変であるかのように振る舞う（固定的性役割分業論）。これが、私たちを縛り不幸にする。幸せのための分業が不幸を生みだすという訳だ。

⑧ この授業では、日常からその構造を読み解く考え方や感性を磨いてほしいと考えている。

ジェンダーについて
～長谷川先生の講義～

人間はお母さんのおなかの中に長くはいられなくなった「未熟な哺乳類」です。そこでどうやって生きのびるかという女性と男性という役割分担を与えたのです。男と女が助け合って生きていく。出産は女性が担うという身体的分業、生存する、生き延びるための体の特徴にみあった分担を指します。

次に人間は男と女として幸せ装置つまり「社会」に入ることでの新たな役割を持つ事になります。それはただ生き延びるだけでなく「幸せに生きる」ということです。男女が助け合い未熟さを克服するために、社会をつくり幸せに生存することを選んでいきます。そこでの「幸せ」という言葉が私たちにとっては大きな問題を与えます。「誰にとって幸せ」なのか…江戸時代と現在では違います。それは時代によって変化するもので、社会的分業と言われています。それは、幸せに生きるために社会の変化に照応してつくられ変化するものなのです。

時代によって社会的分業、男と女は江戸時代、平安時代で役割が違う。古典や小説を読んでみればすぐわかると思います。明治時代の小説では女性の役割は固定的で狭く家を守ることでした。今、女性たちはひろく社会で活躍しています。それに照応して男性の役割も変わっています。

社会的分業という前提の真理、思想・考え方をジェンダーと言ってもいいかもしれません。女性は優しい、理系に向かないとジェンダーによって社会的役割を強いるのです。「社会は男になりなさい…女になりなさい…」と。また、みなさんもお金がなくてもデートして食事をしたら女性の分も男が払うものと思っています。自分で決めたのではなく「男ってそうゆうもんだ」と社会が役割りを押し付けている。女は甘えていいんだ。「当たり前」と思い込んでいる。社会的性差はいつの時代にも出てくるのですが、明治時代の分業は、今の社会にもってきたら古いのです。「本来」とか「昔から」とか言われるのが固定的性役割分担です。

現在は、個性によって性役割分担は変わるといわれています。男性でも家事が得意なら夫が家事、妻が仕事でもいいといった新たなカタチになってくる。

大学女性協会の大学生対象の調査で「男性は恋人を自分のもの」と思っている傾向のジェンダー意識が多いが、女はそんなに甘くない…一方、女性は所有しているという意識は少ないという傾向を伝えてくれました。何故なのかという答えは出ていません。みなさんはこれからなぜなのか大学の授業の中で男性の意識がどこからでてくるのかを問われます。

では、こういった状況が、今の社会にとって有効なのか…今の日本での幸せ装置に叶っていないのではないかと言われています。それがジェンダー指数という数字で現れています。大学女性協会のみなさんはみなさんの両親、そのまた上の世代の女性たちで、社会的分業の社会的圧力について体験談を含め伝えてくれました。これからのみなさんの人生へのコメントもくれました。

第3節　まるでお芝居のよう　—漫画からワークへ—

あなたは漫画の最後のコマにどのような会話を入れますか？

作・東海林さだお

東海林さだお『サラリーマン専科 2』（講談社文庫）。
親本は同社のワイド KC『サラリーマン専科第 2 巻』1989 年より。

資料1

サラリーマン専科
東海林さだおによる平凡なサラリーマンの日常を描いたギャグマンガ。1969年1月号より連載開始。現在も「週刊現代」（講談社）にて連載中。「フジ三太郎」と共にサラリーマン漫画の先駆けとなった。

前節での「思い込み」について、さらに、方法を変えて取り組んでみた。

この東海林さだおの漫画は、奥山和弘著『「男だてら」に「女泣き」』（文芸社、2003年）の冒頭で引用されている。

どんな会話が展開されたか考えてみよう

漫画は単身赴任することになった夫婦の会話です。11コマ目にあなたはどのような会話を入れましたか？

ワークショップでは初めに個人でセリフを考え、その後4～6名のグループで意見交換をし、一つのストーリーにまとめる作業をした。代表者2名が教室の前に出て、ロールプレイで発表。この時リアル感を出すために妻役はエプロンをつけ、全コマの夫婦の会話を再現した。エプロンがうまくできない学生がいたり、迫真の演技もあり発表は大いに盛り上がった。アクティブラーニングの良さをまさに体感できた場面だった。

11コマ目の代表的な会話を紹介する。

14グループ中11グループは「特訓を受けているのは夫」と考えた。

A　夫「ああ、これは駄目だ！お前ちょっと付いて来てくれ」

　　妻「しょうがないわね～」

B　夫「家事って思っていた以上に大変なんだな」

妻「いつも私に任せてばかりいるからよ」

一方、3グループが「特訓を受けているのは妻」と考えた。

C　夫「特訓しよう！この家がどうなるか心配だなぁ」

妻「いつもお父さんがやっていたからどうしよう。大丈夫かなぁ？」

あなたはどうでしたか？

ここで、学生たちに奥山和弘氏の著作（前出41ページ）を紹介しながら授業を進めた。（以下、奥山氏の解説を引用）

＊　＊　＊　＊　＊

枠組みの中での発想

（中略）

原典はどうなっていたか。

夫「と　いうふうにやるんだけど　おまえ　これからほんとにやっていけるか」

妻「いままで　みんなパパにまかせてたからねエ」

この家では、日ごろ家事をやっているのは夫の方だった。単身赴任で困っているのは、妻の方だったのだ。もちろん、これくらいのオチがなければ、そもそもマンガにはならないわけだが、しかし、このオチはそれほど唐突なものではない。

例えば、1コマ目。帰宅した夫が右脇に挟んでいるのは夕刊だ。この夫は、新聞を取り入れるようなことをする男だということが、さりげなく示されている。

また、5コマ目。彼は、妻から促されたわけではなく、自ら「特訓」という言葉を口にしている。そして、自分でエプロンを身につけている。エプロンのありかを知っているし、結び方も心得ている。エプロン姿も心なしかサマになっているように見える。

決定打は、表情だ。この表情には、どこか余裕が感じられるだろう。それは、4コマ目の妻の表情と比べてみれば歴然としている。眉といい、口といい、目玉といい、妻は明らかにパニックに陥っている。余裕の夫とパニックの妻。このあたりにも、伏線はしっかり張られていたわけだ。

にもかかわらず、引っ掛かってしまうのはなぜか。それは、私たちが（実は、私も引っ掛かった）、無意識のうちに「家事は妻の役割」という前提で読んでいたからにほかならないだろう。6コマ目から10コマ目までの無言の場面にしても、妻が教えているようにも、逆に夫に尋ねているようにもとれる描き方がされている。② しかし、「家事は妻の役割」という先入観にとらわれていると、別の可能性が見えてこない。このマンガは、私たちの中にあるそうした無意識の思い込みを映し出す一つのきっかけを与えてくれる。

このように、私たちの周りには、知らず知らずのうちに「○○は男の役割」「○○は女の役割」あるいは「男とはこういうもの」「女とはこういうもの」という決めつけをしてしまっている例がたくさんある。先に述べた「枠組み」とは、つまり、そういうことだ。

ところで、このセリフを考える問題を、当時小学校五年生だった私の娘にやらせてみたことがある。娘は、ちょうど5コマ目まで読み進むと、すいと視線を上げて、こうきいた。③「この家では、いつもはどっちが家事やってるの？」

娘は、「家事は妻の役割」という枠組みにとらわれていなかった。なぜか。それは、家事は必ずしも妻の役割とは限らないという実例をいつも目にしているからだと思われる。わが家では、家事は、娘を含め家族三人全員の仕事なのだ。

このエピソードは、人はどのようにして枠組みにとらわれてしまうのかということについて、一つのヒントを与えてくれる。

私たちは、人から教えられたり書物などを通して意図的に学習したりするとともに、日常生活における環境からも知らず知らずのうちに多くを学んでいる。毎日目にする光景、繰り返し放送されるドラマやCM、よく見る広告やポスターなどによって、本人も気づかぬうちに、ものの感じ方や考え方、さらには価値観までもが影響を受けていく。枠組みを考える際には、そうした視点も必要になる。

②　8コマ目の洗剤の入れ方からは家事に慣れていない印象も受けるが、現在のような超コンパクト洗剤が発売されたのは一九八七年であり、それ以前は箱も大きく、使う分量も多かった。

③　このマンガ自体も枠組みから自由になってはいない。ここでの妻は、「三食昼寝つき」と揶揄《やゆ》された主婦像そのものだ。作者は夫婦の多様なあり方を啓発するマンガを描いているわけではない。

(以上、奥山和弘著作を引用)

＊　＊　＊　＊　＊

思い込みにビックリ

これは1989年の漫画で、当時は「男子厨房に入らず」という考えが残っていた。27年経ても私たちは見事に引っかかり目からウロコの感覚を味わった。

漫画が意図した会話を考えたグループCの代表は「夫がさっとエプロンを着けたところ、妻はやり方が分らなそうで、夫が洗濯の仕方や掃除機のかけ方も教えていると思いこのセリフを考えた。グループでは他の意見もあったが、一人がこの意見を言ったら皆が「あ～！」となった」と説明した。

◆マンガの結末が自分たちが考えていたのと逆だったことに驚いた。また、私たちの中に植え付けられているジェンダーの問題を感じることができた。

◆妻が寝っころがっているから、少しおかしいなと思った。けれど固定観念（女は家事）が強すぎて結局気づけなかった。一つの目線で決めつけることは、相手（女性でも男性でも）を不愉快な気分にさせてしまうかもしれない。だからこそ、もっと寛容な心で見ること、相手を受け入れた上で自分のことを言う事が幸せな社会を築く上で重要なのではないかと思った。

無意識の先入観を脱いで…

私たちは、ある時代の、ある社会の「枠組み」の中でものを見ているにすぎないことに学生に気づいてもらおうと、この漫画のワークショップを行なった。少なからず「自分は男女差別はしていない」と思っていた学生に衝撃を与えたようだ。

◆自分ではあまり男女での家事や仕事の差別意識はないと思っていたが、このワークショップを通して改めて自分の無意識下の差別意識を認識した。この会が議題としているのはこのような意識なのだなと感じた。

◆一つの漫画から、一人一人の偏見や固定観念が表現されていて面白かった。他人の作品を見てなるほどなと思ってしまうことが多々あった。いろんな人と関わることが自分の視野を広げるのだなと実感した。

◆先入観が無意識の内にあると気づいた。そしてその先入観を取り除かなければ物事の真意が理解できないことが分かった。そして何事に対してもステレオタイプな考えを捨ててあたっていきたい。

このワークに対する学生の反応は、女医についてのクイズに比べて、自らの「思い込み」が大きく現れたと感じた。これは今回の漫画が家庭内の「身近な生活の場」だったので、学生たちが自分のこととして考えたのではないだろうか。

この講座を考えた私たちの思いが届き、「ＹＯＲＯＩ」のひとつと考えられる「枠組み」に、とらわれないで生きることができる社会の形成にむけ、学生たちが別の視点からも社会の現状や自分自身の事を考えるきっかけになってほしい。

奥山和弘氏の略歴
１９５４年　静岡県藤枝市に生まれる
１９７７年　金沢大学法学部卒業、静岡県立高校教諭
１９９１年　東京大学教育学部研究生
１９９５年　静岡県教育委員会社会教育課指導主事
２００３年　静岡県教育委員会生涯学習企画課課長補佐
２０１３年　静岡県立吉原高校校長を最後に　早期退職
男女共同参画に関する講演、執筆など多彩な活動を展開
社団法人日本漫画家協会会員

サラリーマン川柳
～長谷川先生の講義～

今回の作者東海林さだおが「サラリーマン専科」を発表後、これと関係する「サラリーマン川柳」が始まります。つまり、男女共同参画視点における夫婦の関係が1970～80年代から主張され始めているわけです。入選作を紹介します。（＊第一生命保険募集　NHK出版）

男が家事や仕事について詠んだものが、サラリーマン川柳ですよ。代表的なものを挙げます。

1　おーいお茶　自分で入れて　妻を呼ぶ
2　まだ寝てる　帰ってきたら　もう寝てる
3　朝出した　粗大生ごみ　夕帰る　など

皆さんがワークショップで経験した「男と女に関する思い込み」を日常生活の中から問い直す見方が出てきたということです。

高度成長と日本型サラリーマン
～長谷川先生の講義～

次に、「サラリーマン専科」やサラリーマン川柳の背景となる、戦後日本社会の背景や夫婦・家族関係に関するコメントを行います。つまり、サラリーマン世代の「男と女」の枠を作りあげた要因は何かということです。

① 1939年ニューヨーク万博で発表された20世紀の3大発明品から考える「都市郊外型核家族」の幸せ原理（ハンバーグとT型フォードに加えて、都市郊外型のレヴィットタウン）。高速道路で結ぶ職住分離の暮らしが提案された。
②戦後のアメリカのサラリーマンの基盤となる暮らし方はここから始まる。そして、アメリカのホームドラマを通して日本の戦後に大きな影響を与える。
③ 50～60年代のアメリカの繁栄を支えた家族観は、ベトナム戦争や黒人の市民権運動の高まりを経て、レヴィットタウンで暮らす女性たちに大きな影響をもたらした。70年代に入ると、子どもが自立した後の「空の巣症候群」という用語を生みだした「女の枠」への疑問と批判が提出された（ウーマンリヴ運動）。
④戦後日本のサラリーマン文化はこの現象の影響を受けている。70年代のマイホーム主義が始まった時、アメリカではすでに「現代家族への問い返し」がおこなわれていたことになる。
⑤サラリーマン世帯の暮らしを演出した郊外型住宅群の建設は、大手不動産会社や電機メーカー等の経営者が50年代にアメリカ視察を契機にして考えられたモデルであった（多摩ニュータウンなど）。
⑥日本では、80年代に入って、現代家族の形態（家事分担等）に疑問が提示され始めた。それが、今日のワークショップの背景にある考え方だと思える。それは、産業構造やライフスタイルの変化に伴って起こってきている「幸せ装置」の組み建て直しだと考えられよう。

第4節　幸せな感じって？

あなたは幸せ？

第1回目の講座で平成22年の内閣府資料（下図）に基づき男性の生きづらさや幸福感について伝えた。

> ◆学生が一番幸せなのにびっくりした。
> ◆幸福感について基本的に、男が女より感じていないというのが意外だった。
> ◆幸福度と生活満足度についてもう少し聞きたかった。
> ◆逆に先輩方の幸福論について知りたいと思った。

就業状態別「現在幸せである」と回答した者の割合（平成22年）

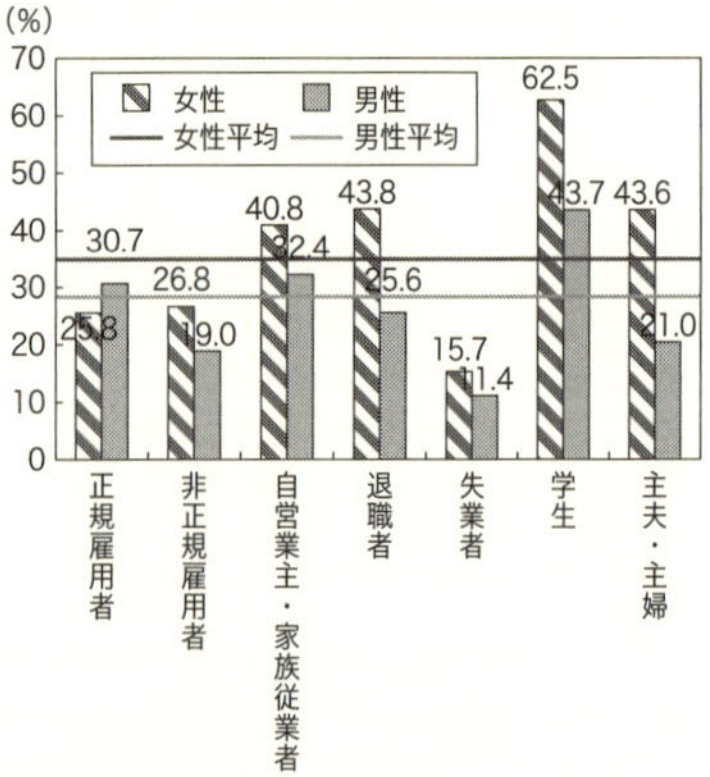

資料出所：「日本版 General Social Survey（JGSS）」を基に内閣府男女共同参画局が集計。

同年にはブータン国王夫妻来日もあり、ちょうど幸福感が話題であった。学生の質問に答えて、第2回目に2014年9月に国連が発表した世界幸福度報告書の資料を用意した。その中から、ジェンダーギャップ指数が１０４位であること、幸せ度は43位であることなどを伝えた。

◆「幸せ」って簡単じゃないですね。色んな面から切り取ってみることができるけど「男女」という面から見ただけでもこんなに深いからそんな数時間で解決はできない、一生をかけて考え続けるテーマだと思う。今回はそのきっかけとして大切な時間だった。私は日常から「愛」とか「幸せ」について考えることが多いけど、先生の授業にでると同じものを持っている人がいて嬉しくなる。もっとこういう心のやわらかな人が増えれば世界はもっと幸せなのに、といつも考えてしまう。
◆日本のジェンダーギャップ指数が１０４位とは、日本がこんなに遅れていると思っている人はあまり多くないと思う。事実と世論の感じ方に差はどの位あるのだろう。
◆幸福度で日本が43位だったのは思ったより高くて驚いたが、嬉しかった。
◆何から幸福を得るかは人それぞれだから、男女平等観を押し付けられ、不幸を感じる人もいると思った。

家事は誰がする？

男女を問わず働き方も、人生の送り方も変わってきている。世帯、家族、男女の家事分担について、現在の状況を示すデータを提示し考えてもらった。

２０１２年のデータでも配偶者と生活している男女での家事分担は女性に大きな負担がかかっ

ている。また、配偶者と生活している女性の仕事有無別の「家事時間」データによると、働いている女性と働いていない女性との差は1日で20分程度の違いしかなかったことも伝えた。

◆男女平等が叫ばれる時代なので現状は良くなっていると思っていたが、家事分担等のデータをみると案外良くなっていないことを知ることができた。
◆今の時代の奥さんの幸せと、昔の時代の奥さんの幸せの形が違うという長谷川先生の話で多くのことを学べた。
◆男が働いて女が家事という考え方は、古い時代の考え方だということが分かり、幸せについて考えてみたいと思った。
◆女性は仕事を持っていても持っていなくても家事時間はほぼ変わらないと知り、もっと男女平等感を持つ人が増えてほしいと思った。

女性は仕事をやめる？

いわゆるM字型カーブ（女性の年齢階級別労働力率）について、出産・育児に関わる周産期に女性が仕事を離れなければならない現状がある。近年、M字の谷の部分が以前よりも浅くなり、M字の底となる年齢階級も上昇している。

しかし、女性のキャリアのトップを走っていると言われる女性医師のM字の切り込みが、より深くなっている状況も伝えた。

◆昭和でも平成でも女性の就労率は、M字型カーブであることが分かった。
◆M字型カーブのグラフを見ると、時が経つにつれてMの部分がフラットになってきているにもかかわらず、女性の方が家事をする時間が多いのは、やっぱり家事育児等は女の仕事という先入観がまだ残っているのだと思うと、男女平等になるのはまだ先の話だと思った。

先輩からの「幸せ」メッセージ

この講座の企画に関わった会員全員が学生との時間を共有するために、一人ひとりが自分の思いを語る場面を作った。１分ほどで自分にとっての幸福について語った。

女性の年齢階級別労働力率

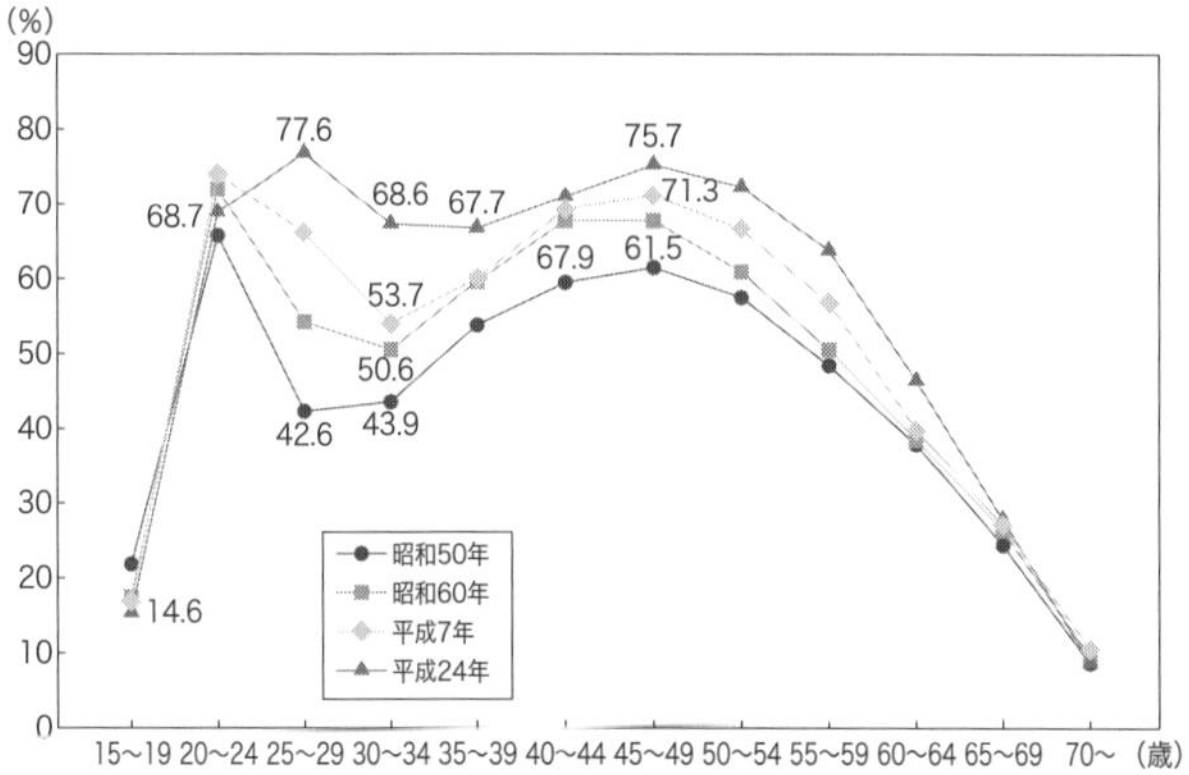

資料出所：2014年男女共同参画白書：総務書労働力基本調査より作成。

◆先輩の意見として、幸せについて話してくださって、あたり前ですが、人にはそれぞれ固有の幸せがあるのだなと感じた。
◆人生の先輩方から現在の幸せについて聞くことができたことで、私も将来どのような幸せを感じられるのか想像してみる機会となった。
◆人の幸せは人それぞれ、多種多様であり、受け取り方も人それぞれである。それを知ることができた。
◆結婚について考えられた（個人的に）。私も将来「家族といられることが幸せ」「子どもが夢をかなえられたのが幸せ」と思うことができたらいいなと思った。
◆以前から「幸せ」「幸せ装置」としての社会について学んでいたが、ジェンダーの観点から課題を見つけることができた。
◆人生の先輩方に昔の女性の生き方について、昔の女性の生きづらさ、時代の流れなどを聞けてよかった。
◆幸せをどんな時に感じるかという先輩方のメッセージが良かった。

幸せもキャリアも定義は変わる？

これまで人生のキャリアは「山登り」や「一本道」に例えられることが多かったが、今は「波乗り」に例えられるキャリアもある。

事実、定年60才まで同一の職場で仕事を続けられる「ストレーター」は30％を切る。また価値観は非常に多様化しており、学生が卒業してもすぐに就職をしないなど、職業選択や就職の時期も様々である。特に女性は妊娠・出産・育児期があり、「山登り」を続けるには困難をともなう現実もある。人生は偶然のできごとや出会いによって影響されることが多い。自分の特性を生かし、予期せぬ事態を最大限に活用して様々な局面を「波乗り」のように乗り越えていく人も増えている。

また、就労だけではなく、ボランティアや地域活動にも同時に関わっていくことはパラレルキャリアと呼ばれ、ライフとワークを充実させる人生のカタチのひとつである。

男女平等に向けた法律が整ってきたが、そこに新たな問題も生じる。だれもが「幸せ」を実感でき、自分らしく生きていけるよう、ジェンダーなどのバイアスを解く手伝いを続けていきたい。

「社会」という幸せ装置〜長谷川先生の講義〜

以前「社会」というのはそれぞれが幸せになるための装置であると話しました。その装置を担うのは、性別で言うと「男」と「女」、年齢別で言うと「年寄り」も「若者」も「子供」もそれぞれ担っている。

どういう形で担っているかが大きい。「女の人はこうだから…」「男の人はこうだから…」と決めつけて幸せ装置を動かしてきたのは「本当にそれで正しいの？」「それでそれぞれが皆幸せになれるの？」となった時にもう一度問い返しが起こった。

M字型就労が起こったのは「会社」の幸せの作り方から来ている。「職縁」の他に「家庭・血縁」、「友縁」と「地縁」の４つの幸せの作り方の中で、男と女はどういう風に分担して幸せ装置を動かしていけば良いのか？ついでに年寄りは外れていくだけで良いのか？　年寄りも幸せ装置を動かすためにどうやって力を貸したら良いか？それを考える一端の授業です。

◆社会の風潮で言えば、頭がよく学歴が高くキャリアで人の価値が計られるように見える。しかし、必ずしもそれが幸せにつながっているとは限らない、本当の幸せは何なのか、世間の色眼鏡を通さずに追究し続けていく必要がある。
◆自分自身の人生が幸せになるよう、多くの時間を大切に使って色々なことを学んでいきたい。
◆幸せについてあまり考えたことがなかったので、良い機会だった。
◆「幸せとは何か」についてじっくり考えることができた。

第5節　恥ずかしいけど脱いでみた ―思いの丈をはきだして―

今までの調査から得られた数字だけでなく、私たちの生きざまを若者に伝えたくて、2回の出前講座では、会員6名がそれぞれの体験談を語った。

三歳児神話に悩んで（会員A）

「二十四の瞳」という小説に出てくる「大石先生」は憧れのロールモデル。受験戦争を勝ち抜いて教員養成の大学に進学し、１９７２年、願い叶って公立の中学校教諭になりました。2年後に結婚、夫の官舎が遠くにあったため、通勤は往復3時間かかりました。子育てと両立できるように自宅から30分で通える学校に転勤させてもらい出産しました。その当時、育児休業制度はなく、産休8週間で復職しました。授乳のための時間休はとれましたが、職場の雰囲気は厳しく、子育てに迷惑をかけているような後ろめたさを感じていました。職員室での会話で「三歳児神話」の論議などもあり、3才までは自分で育てたほうがいいか…と思うようになり、「教員」をやめました。生徒たちとは、大きなお腹の私を労わり赤ちゃんに手袋を編んでくれるなど良好な関係でした。しかし、職員室の同僚の「雰囲気」は冷たく仕事を辞めなければならないように追い込まれていったのです。教員の育児休業制度が導入されたのは翌年からで、わかっていたら辞めないですんだかもしれません。

専業主婦として4年間休みましたが家事・育児に生きがいを見い出せず、二人目の子どもが3歳になった時、産休育休の代用教員として復職しました。その後は、家事育児に支障のない範囲で非常勤教師や自宅で塾を開くなど教育に関わる仕事を細々と続けてきました。3人目の子どもが中学に入った時に、高校の専任教員としてフルタイムで働きました。充実した5年間の教員生活に馴染んだ頃、女性の議員を増やそうという時代の要請もあり、背中を押されて、1999年のミレニアム選挙で市会議員に初当選し、3期12年間数少ない女性議員として働きました。ワークライフバランスで苦しんだことが、議員になって役に立ち、男性とは違う視点で議員の仕事ができたと思います。教育の分野から政治への転身は勇気のいる決断でしたが、政治の世界でも女性が頑張れるのだというロールモデルになれたことはわたしの誇りです。

よりよい男女共同参画社会を築くためには、固定的性役割ではなく個性で分担すること、さらに夢をあきらめないことが重要だと思います。

私の子どもの頃の出来事（会員B）

小学校の頃のことです。ある時、テストを返す時に、先生が点数の良かった人を発表する、ということが始まりました。詳しい理由はわかりませんが、おそらく学力を向上させるために、みんな、がんばれ、という応援の意味があったのかもしれません。

最初は点数だけでしたが、そのうちに、「一組は○○さんが○点、二組は△△さんが△点、三組は◇◇さんが◇点」と他のクラスの人の点数も発表するようになりました。

ある時、私の名前が発表された日のことです。その日の午後、廊下で隣りのクラスの女子から「95点だったんだってね、すごいね！」と声をかけられました。「あ、隣りのクラスもテストが返却されたんだな」と思って聞いていたら「うちらのクラスは○○君が1番で、90点だったんだよ。先生が、お前、男のくせに女に負けてくやしくないのか～って、気合い入れて　はっぱかけてたよ」と教えてくれました。女子はそんなこと言われないのに、男子だけ、こういう言われ方をするんだな、と思いました。

それから、2つ目は高校の時の話です。学校の進路指導で、文系と理系のどちらを選ぶか、アンケート調査がありました。私は理系コース希望を出しました。その時に、周りから「女子なのに、理系希望なんだ。めずらしいね～」と言われました。その頃は私の育った地域では「女子は文系、理系に進むのは男子」が当たり前、という時代だったのです。

3つ目は、大学受験の頃です。私たちの頃は、「女は嫁にいきたいなら、短大のほうがいい」と言われていました。四大出（よんだいで）の女はもらい手がない、という時代でした。私の知ってる子も、本当は四年制の大学にいきたかったのに、おばあちゃんに反対されてしまい、結局、短大を受験した子がいました。

最後に、平等であるはずの資格を取って働き始めてぶつかった壁についてお話します。

私が大人になってからのエピソードです。私は、医学部に進みました。大学時代は、男子も女子も同じように学習の機会が得られ、同等に扱われました。社会人になって仕事を始めてからも、男女等しく時間外勤務や当直などが割り当てられました。でも、女性医師の労働環境を詳しく調べてみたら「女性医師は妊娠したら辞表を出すように」という決まりがある職場もありました。「女はいつ辞めるかわからないから使いづらい」と考えられていたようで、仕事の希望は、女性医師の希望が通りづらい職場もあることがわかりました。

ライフもワークもよくばって…（会員C）

育児休業法制定直前、大学を卒業し出版社に勤務。結婚にともない茨城に転居。遠距離通勤で東京まで通勤するなか1991年第一子を出産。復帰するつもりだったが保育所が見つからず退職。その時有給休暇が残っていたが、出産後に利用した前例はないということで活用できなかった。育児休業法の国会通過が半年、半年と延期されていた時で、半年通過が早かったら状況は変わっていたかも。

その後、続けて子どもを授かり、３児出産後に仕事を探した。当時、保育園の手配が整っていないと仕事は紹介してもらえない状況だった。職安に行くときは市の一時保育などを利用して相談に通っていたが、手当ができず子どもを連れて相談に行った時、強い調子で「仕事を探しにきて子どもを連れてくるとはどういうつもりか」とお叱りを受けたことも。現在、職安では育児スペースが確保され、子どもを育てながら働く環境は整いつつあるが、今でも「仕事が先か保育園が先か」という課題は残っている。

そんな中で「この職安で働いてみてはどうか。今、所長がいるから面接し、一緒に働きましょう」といってくれた相談員の方がいて、いきなり所長室での面接になった。50代なかばの男性所長と面接。履歴書を眺めながら…「官舎に住んでいるんですね。私も公務員だからわかるんですが、仕事は疲れるんです。旦那さんは奥さんには家にいてもらいたいと思いますよ」と言われて採用は叶わなかった。他の理由があってのことだったのかもしれないが…今の私がそこにいれば、きちんと論破?できると思うが、30代前半だった私は「なんで?」ありえないと思っても切り返せなかった。学生時代は「女性学」などなじめなかったが、自分が無知であること、学校にいてはわからなかったことがたくさんあることを思い知らされた。

でも…転んでもただで転びたくないと、市民講座等をかなり受講し、「学ぶことでしか自分は変われない」ということを実感。その後、大学女性協会に出会い活動を続けている。

まだまだ社会に出ると男性が置かれている環境と女性の環境は違う。現在、子どもたちはもちろん、大学で学生たちと関わる中「だれもが自分らしく」生きていけるよう支援したいと考えている。

家業を継ぐことを決心した私（会員D）

私は4人兄弟の末娘として生まれ、名前は父が2度目の出征中で生死が分からなかったため、父の名から一字もらい名付けられたそうです。終戦の年に誕生したせいもあり、私は自分の年齢と平和の意義を意識しながら半生を過ごしてきました。家は醸造業（醤油屋）でした。成長と共に日本は戦後復興の道・高度成長をとげました。兄弟が次々と家を出て行き、特に兄が大学に合格したとき父が「家業を継がなくても良い」と爆弾宣言してしまいました。女子中学生の私に突然後継者の道が示されたのです。

取り敢えず後を継ぐ前段階として東京農業大学醸造学科に入学しました。女子高出身だったので、突然学部の紅一点となり、教授からは「代返はきかないのでしっかり授業にでるように」と言われ、驚きに満ちた大学生活を始めました。農大には当時、他校に比べユニークな学生が多かったと思います。学生時代には貴重な友人を得ることができました。又授業も「酒の飲み方――自分の限界を知っておくように――将来人の上にたち、接待をする立場になるから」とか大学の授業とは思えない授業もありました。「私が家業を継がなかったら？」両親は？・家は？とのサイクルの中から飛び出す事が何も見つからず卒業式を迎えました。卒業式に父は父兄代表としての挨拶し「お婿さん募集」を高々と宣言し会場を沸かせていました。

早速見合いをさせられました。そんな中で悩んで見合いをした方と一から知り合うならば、4年間男女の意識のなかった友達の中から相手を選んだ方が良いのではないかと思いました。彼は醤油屋の生まれで次男坊、育った環境も価値観も似ていることなど結婚の条件にぴったりな人でした。但し関東に来てくれればの話でしたが。彼は鳥取県の山奥出身で「関（箱根）の向こうに文化はない」と豪語する親族がいるほどで「茨城なんて、どこにあるのか、よく知らない」地域の方でした。夫の実家の人たちは、家業を継がせるべくせっかく東京の大学を卒業させたのに、なにが悲しくて関東の田舎の4人兄弟の末っ子に養子に出さなければならないのかと猛反対したようです。結局義母の賛成を得てゴールインする事ができました。夫は婿養子になり、我が家の後継者となりました。

結婚を機に私は決意しました。会社は夫に任せて、私は彼の環境を整えることに全力を注ごうと。夫は故郷を離れ、茨城に飛び込んでくれた、その英断に感謝しています。その思いが根底に有るので古希になる現在まで互いに穏やかに乗り越えることが出来たのだと思います。人生決断の折り自分の知恵・環境・人力あらゆるものを駆使しチャンスを掴むこと、それには勉強・遊び、なんでも経験し沢山の力をつけること。人生に無駄な事など何もないと思います。

あたり前と思っていた私（会員E）

私は学校卒業後、小学校教員として勤務していましたが、3年目に結婚し夫の勤務地である茨城県に引っ越し社宅に入ることになりました。そして、私は茨城県に転任する手続きをとっていたところ、「社宅では、奥さんが働いている人はいない」と聞かされ、夫も私の仕事継続に積極的に賛成ではない様子でした。

私は丁度仕事が楽しくなっていた頃で、辞めるのはとても残念な気持ちはありましたが、「仕方ないかな」と考え、あまり迷わず諦めました。

その頃1970年代前半の日本は高度経済成長の真っただ中、企業戦士を量産しているような状況でした。夫たちの働き方は出張や残業続きの毎日、「妻が専業主婦」であることが前提で組み込まれていたように思います。

そんな中で専業主婦として4人の子どもを育てましたが、やはり社宅の中で働いている妻はいませんでした。私は「△△さんの奥さん」「○○ちゃんのお母さん」「△△さんのお嫁さん」と呼ばれ、フルネームで呼ばれる場面はありませんでした。

私は子どもが大好きで、ただ夢中で育児をするかたわら、公民館などで生涯学習の勉強をしたり、ボランティア活動を始めたりするうちに、この団体活動に関わるようになりました。そして、下の子が中学へ入学する頃から、県などの非常勤の仕事を始めたのですが、その時、夫や娘たちから「お母さん楽しそう、今までより生き生きしている」と言われたのには驚きました。

現在40代の娘と息子たちには「女だから」「男だから」と言わないように育てたつもりです。娘たちは、学生の頃「お父さんは仕事ばかりで淋しかった、お父さんのような男性とは結婚しない」と言っていましたが、今では、結婚し仕事と家庭の両立に奮闘しながら、それぞれ２人の子どもたちを育てています。

結婚したばかりの頃の私は、「男は仕事、女は家事・育児」があたり前という思い込みのジェンダーサングラスをしっかりかけて社会を見ていたのだと思います。それをいつ外せたのか？いえ、まだ薄い色のついたサングラスをかけているかもしれません。

子どもを産んで、気づいてしまった私（会員Ｆ）

最近、自分より年上の方や逆に年下の10代、20代の学生たちと話していると、時代によって人の生き方はこうも違うのだな、と実感します。

私は現在40代後半であり、20代の頃はまさにバブルの時代でした。

東京の女子大に通っていた私は、当時流行っていた「ボディコン」といって体の線が強調される服を着てブランド物のバッグを抱える、よくいる女子大生の一人でした。

そして私はこのバブル期の浮足立った学生時代ののち、地元茨城県で就職をしました。特に目標もなかったので企業に勤めました。大した仕事もしていないのに、毎晩のように上司に料亭や高級レストランへ連れて行ってもらう日々で毎日が楽しく、その時点でとくに自分の人生に疑問を持つこともなく、考えていたことと言えば、ファッションのことくらいだったかもしれません。

そのようなお祭りムードの社会のなか、私は20代半ばで結婚し、20代後半に出産しました。そこからです。私の人生が変わったのは。

出産をして母親となったその時から、自分の将来が見えてしまったのです。特に何の特技もなかった私は出産後退職し、家庭に入りました。すると途端に私の存在は「○○さんの奥さん」「○○ちゃんのママ」でしかなくなりました。きっと10年後も20年後もこうして家の中で家族の世話だけをして生き、「奥さん」「お母さん」と呼ばれる人生で終わるのだろうと思うと、焦燥感でいっぱいになりました。

そこで焦った私がまず始めたのは、通信制の大学へ編入し、数年かけて中高の教員免許を取るということでした。当時2歳の娘を実家に預けて、教育実習もしました。そしてその後は、自宅から通うことが可能な大学院へ進学し、心理学を専門とする先生のもとで学ぶ機会を得ました。

修士2年目には元日から夫と娘を放って、修士論文を完成させるためにパソコンにかじりついていたことを思い出します。

そして大学院修了後には、非常勤ではありましたが心理関連のさまざまな職に就きました。またこれらの仕事に就く一方で、この大学女性協会の活動や地域の仲間との活動心理士同士の横のつながりなど、人との関係はどんどん広がっていきました。そしてそのつながりのおかげで、娘が小学校高学年になるころには大学の専任教員となりました。

このように私は30代、40代になってようやく自分の人生が見えてきました。現在は忙しくはありますが毎日が充実しており、あの時、バブル期の自分を見限って本当に良かったと思っています。

第6節　対話の場から未来へ

連続出前講座で私たちが目標とした一つは、「ともに学ぶ」ことであった。
最後に、「これからのワークライフバランスを考える」というテーマでシンポジウムを行った。

ともに学ぶ

ジェンダーバイアスがかかる一つの要因として、多様なロールモデルに接する機会が少ないことがあげられる。会員一人一人が等身大の自分を語ることで、今を生きる大人のモデルを伝えることができた。また、学びの場を共有し、語り、学生と互いに耳を傾け、その「場」と「時間」に真摯に向きあうことが、最も大切であることを実感した第3回目の講座となった。

☞体験メッセージ（57～67ページ）への感想を聞いてみた。

◆自分が生まれる前の男女格差社会など、全然知らない事ばかりだったので、すごく興味深い話を聞かせていただきいろいろなことを学べた。

◆自分の生まれる前の時代は、仕事をしたい女性でも仕事を辞めることに納得してしまうような状況にあった。今はそれが無くなる方向にあると思うので、男女が上手に生きられるようになればいい。昔の男性の中には「家を守らなければいけない」「家庭を持たないと認められない」と言うプレッシャーがあったと思うし、「家事がしたかった」人もいたのではないか。女性だけでなく男性も苦しんでいたのではないかと思う。男女平等社会は大事だと思った。

◆これからの人生、仕事、家族のあり方、社会について、普通だったらもう流れに身を任せる感じになってしまうだろうけど、様々な意見を聞くことにより、今まで自分で考えていた考えを改めて考え直すよい機会になったと思う。

◆先輩の体験談を聞いて、たった数十年前に女性は大学に行かない方がいいと言われていた事実など、今では考えられないと思った。

◆先輩方の話を聞いて自分の思っていた男女平等の意味に違和感を感じた。女性の差別の根の深さを知って将来もし自分を選んでくれる女性がいたら、どのようにその女性とつきあっていくかということを考えさせられた。

◆出産を機に仕事をやめる女性もいるが、育休だけではなく、やめた後も戻りやすい会社が増えるべき。

◆バブル時代の風潮に流されず、自分らしく生きている先輩の話を聞けて、幸せに生きていく為の指針の一つを知ることができた。

◆主婦を経験した後で、自分を変えようと行動した女性の話が、卒業後の自分はどう行動していくべきかを考えるヒントになった。

☞学生たちが、子どもの時に親（大人）の背中を見て感じたこと

◆両親は父が働き母は専業主婦だったが、自分と弟が大きくなって共働きになった。共働きになって二人とも疲れているのに父は家事に協力しないという問題が出てきたので、我が家では父が働き、母が専業主婦の方が家庭的には幸せだったと感じる。

◆小学校に上がる前まで両親は父が働き母は専業主婦だったが、後に母から「ずっと家にいるのは辛かった」と聞いた。その後母は働き始めたが、家に帰れば必ず祖父母がいたので子供の目線で言えばかなり幸せだった。母も祖母がいたので家事の負担はかなり少なく「楽だった」と言っていた。3世代同居は大変なこともあるが働く女性の負担を減らすには良いと思う。

◆両親は父が働き母は専業主婦。いつも家にいる母を見て「楽でいいな…」と思っていた。週末は父が料理をつくるので男女格差は少ないと思う。今は母が家にいるとうっとうしく感じることもあるので、子どもが大きくなったら働きに出て欲しい。

未来を語ってみよう

☞なりたい職業について

◆高校で社会科の教諭をしたい。高校で世界史・日本史を勉強して歴史に興味が出てきた。歴史は古典文化や芸術やほかの教科に通じるので面白いと思った。その面白さを他の人にも伝えたいと思った。
◆話す仕事、アナウンサーになりたい。今は演劇研究会とアナウンスステーションのサークルに入って頑張っている。
◆地元愛が強いので、地元に貢献できる仕事に就きたい。
◆皆さんまじめに考えているようだが、僕はちゃんと決まっていない。工学部なのでその方向に行くと漠然と思うが変わるかもしれない。
◆4年生で今就職活動をやっている。「自分は何をやりたいのか」が重要と言いながらこれははっきりわからず難しい。自分がどういう人間であるかは良く考えていて分っているのでそれを踏まえて決めていきたい。

☞理想とする家族像について

◆現在は男性が育児休暇を取るのは勇気がいるし、女性も自分が育児をするのがあたり前と思っている。

社会問題として解決して、どちらが働いてもどちらが育児休暇を取ってもあたり前の社会になっていれば良い。

◆「男性が家にずっといるのは変だ」と噂される社会ではなく、男女どちらが何をしてもおかしくない社会になっていれば良い。

◆自分のときはまだ難しいと思うが、30年たったら若者達が困らない時代になっていて欲しい。そうなるように努力したい。

◆安定した職業について安定した生活を送りたい。家族は子ども2人。

◆男女で足りない部分を補う社会。自分自身は家事が苦手なので妻は専業主婦で家庭に入って欲しい。

☞「ワークライフバランス」について

◆働き続ける。夫も働きたいなら働けば良い。家事はきっちり分担。子どもは落ち着いてから欲しい。子育てをしっかりするためにも人とのつながりを大切にしたい。

◆働きながら「ワークライフバランス」を考えて生きていくことは難しいな…と思う。

◆多様な視点から「ワークライフバランス」を考える必要性を感じた。

◆ワークライフバランスを実現するためには、企業内保育、男性の考え方の変革、まわりの人々の支援などが大事であることも確認しわかった。
◆経済面からのアプローチが、今までになく新鮮だった。
◆ワークライフバランスは、男女平等の考え方が実現しないと、女性の負担が大きすぎるため今は難しいと分かった。完全な男女平等というのは無理だとは思うが、少なくとも改善することができることは、是非改善していくべきだと思った。私の家庭では両親共働きということで母が父、兄、私、妹にそれぞれ家事を分担させていたため他の家庭よりは母の負担というものは軽くさせることができたのではないかと思っている。そして、その経験があるため、私も将来家庭をもった時には積極的に家事に取り組みたいと考えている。

安易に言葉を使う危険性！

◆働きたい。夫は専業主夫でも良い。家事はしたいので自分でもやりたいと思う。お互いに価値観を押しつけ合わないで共生したい。
◆30年後の社会は男女平等ではなく共生。男女それぞれ得意なことをやり男女で補う社会になっていれば良い。
◆本当の意味で男女平等は無理だと思う。生物的に違いがあり出来ることと出来ないことの差があるか

「共生」という言葉
～長谷川先生からの助言～

皆さんは「共生」という言葉を使ったけれど、「共生」というのはとても危ない言葉です。

かつて男と女が共生し合う関係を否定したことなどどこにもない。男と女が得意なこと、特性を生かして、それぞれが個性を生かし合えばいいと誰でも言う。男は特性を生かして会社に行き、女は特性を生かして家事についた。ここが問題です。男と女が特性を生かし合えばいいと言ったとたん、男は会社、女は家庭というロジックの中に入り込む。私たちはそうやってその仕組みに入った。

女性は子供を出産する。子育ての中で女は男とは違う特性がある。ここはわかります。

そこで先ほどの「３歳児神話」が出てくる。ボウルビィ（※）は「３歳までは我が子をお母さんの手で育てなければならない」とは言っていません。「お母さんのような優しい手で保護しなければならない」と言っているのを日本では意図的に「お母さんの手で」と言われた。３歳児検診に行くと保健師さんは子育てしているお母さんに「３歳まではお母さんの手で育てないとだめですよ」と今でも言い続けている。これは世界中でも日本くらい。

つまり「お母さんのような手で」支えていけば良いのに、いつの間にか「お母さんの手で」となってしまった。

男の特性、女の特性を生かし合うのが良い→男らしさを発揮できる、女らしさを発揮できる→男は会社に行ってバリバリ働く、女はサブで支える。この仕組みに入っていった。

「共生」は正しいが、簡単に「共生」に乗るな。

男と女が出会って結婚して家庭を持つことは、それぞれの家庭の問題である。社会は家庭には侵入しない。男と女がどういう関係になるかは勝手である。お互いを支え合う形が「男は会社に行ってバリバリ働く、女はサブで支える」に即して行われると私たちの心を縛る事になる。

家庭の中にいることがとてもつらくなる女性がいる。学生の皆さんは、「お母さんはいつも家にいればいい」と自分（子供）の都合で話していたが、いつも家にいなければならないお母さんはとってもつらい。それはもうすぐ皆さんが選択していく道であります。

※ジョン・ボウルビィ（Jhon Bowlby）1907-1990
イギリスの精神科医。精神分析家。愛着理論の実証的研究を行った。

ら、平等にしたら得意・不得意分野で不都合が出る。今必要なのは「平等」ではなく「共生」だと思う。それぞれが協力できる仕組みを先に改善すべきだと思う。

「共生」という言葉、私たちもあまり深く考えずに使っていた。先生の助言をかみしめていきたい。

多様な価値観が存在する社会のなかで

この講座は前述のとおり、茨城大学の教養科目の授業「日常再発見～3つの間（時間・空間・人間）を羅針盤に～」のなかの3回連続講座である。

多様な価値観が存在する社会の中で、若者たちは様々な問題に直面し考え判断していかなければならない。そんな「生きづらさ」を抱えながら、それでも人生を楽しみ幸せになるための講座が必要ではないだろうか。ここでは、人間の幅を広げ人生を豊かにするような教養を学ぶ場とした。

◆自分の将来のことについて今が一番考える時間もあり、知識もあると思う。大学4年間という短い時間で、将来設計をして、実現していきたい。

◆男性が育事をする、女性が仕事をする、そういう事が当たり前になる社会というのは実は来ないかもしれないと僕は思う。何故ならば子どもは親の背中を見て将来こうなれたらと考える人が多いと思うから。したがって大学生にこのような講座をするのはこれから親になる世代に訴えるのは良いことだと思う。

◆私は、未来はただ漠然とイメージするのではなく、まずは未来に向ける方向性を見つけることが大切だと思った。そのためには今のうちにいろんなことをやり、これだと感じた方向が見つかれば、より未来のイメージがしやすくなると思うし、実現もできると思う。大学生である自分は時間がたくさんあるので、これまでやったことのない事や学問にチャレンジしていき、未来への方向性を明確にできればいいと思った。

◆この講座を受けて、日本には男は仕事、女は家で家事という固定観念があり、子供ができても仕事を続けたい女性が仕事を続けられなかったことが分かった。今は少しずつ女性が仕事のできる環境ができてきて、逆に夫婦間で仕事と家事をどう分担するかが新たな問題となっていると思う。私も将来結婚して子供が出来たとき、奥さんと話し合って互いが支え合って生きていければよいなと思う。

◆物事の本質（自分なりに）を見つけるのは大変だと思った。けれど、いろいろな人の話を聞き、自分の考えを持てるようになりたいと考えている。

◆「幸せ」は「男女」という面から見ただけでもこんなに深いから、一生をかけて考え続けるテーマだと思う。今回この講座はそのきっかけとして大切な時間だった。もっと心のやわらかな人が増えれば世界はもっと幸せなのにと考えてしまう。
◆答えがないこと、答えは各々自分で探すこと、という時代に生きているということがよくわかりました。前に進もうと思います。

3回の講座を受けて、感想・意見

3回連続して出席した学生4人のものを掲載する。（次頁）

私たちが講座で得たこと

事前の準備として、「押しつけにならない伝え方をする」ために、アサーティブ（※自分の表現する権利と相手の表現する権利を大切にしたコミュニケーションの方法論）などのコミュニケーション研修資料を学んだ。これまでの出前講座ではチームで準備に時間を割くことがあまりなかったが、今回はチーム内の連携プレーのもと、役割分担をして活動を開始した。

方法として、今回はアクティブ・ラーニングを試みた。大学改革の一環で、大学での教育にも積極的に取り入れることが提唱されている。ＰＰ（パワーポイント）を使って講話、グループワークでの意見交換や意見発表などメリハリのある生き生きとした時間を目指した。また、デー

学生（1）	
第1回	・家事を夫婦で協力して行うことには賛成だが、夫が子育てをするために専業主夫に、もしくは夫婦共働きで子育てをすることは反対。共働きのままでは、子どもが親と離れている時間が長すぎるから。
第2回	・自分の中にも「男」は「女」はという固定概念があるのだなあと気づいた。「自分らしさ」を大切にしていきたいと思った。
第3回	・今まで男性が有利で女性が不利だと決めつけるような部分があったが、男性も家庭を持たないと一人前でないと思われたり、家庭を守る義務があり、好きなことができなかったり等、男性も不満に思うことがあったのではないかと感じた。男女共に何を選択しても不思議に思われない社会作りが進めばいい。

学生（2）	
第1回	・「男女平等」と言われると、女性専用車両などが世に多く、女性の方が優遇されていると思っていたが、「ジェンダー」における女性の不利さは健在だと感じた。何をすれば解決への道となるのかが知りたい。 ・働く男性と女性の給料や地位には差があるというのは元々設定が違うのか、それとも能力の違いか？
第2回	・自分はあまり男女での家事や仕事の差別意識はないと思っていたが、このワークショップを通して改めて自分の無意識下の差別を認識した。
第3回	・高校までジェンダーについては知識としての授業しかなかったので、自分の中の差別意識を再確認できた。このきっかけを大切にしたい。 ・男と女でカテゴライズして考えるのではなく、個人としての能力を生かし合えるような社会のシステムを作っていければと思う。

学生（3）	
第1回	・パワーポイントにまとめてあり分かりやすかった。 ・男女の差は改善されたと思っていたが、グラフの数字を見てみるとそうでもないと思った。
第2回	・先輩の貴重な体験談を聞いて、何かのレッテルに悩まされている人々もたくさんいると思った。 ・男女差別について真剣に考えるようになった。 ・男のやるべきこと、女のやるべきことを自分の中では決めつけていないと思っていたが、今回のワークショップで、まだまだ男女の差別を理解できていないと思った。
第3回	・１回目より２回目と回を重ねるごとに、意外と身近な問題なんだと思うようになった。意識して日常生活を送れば、たくさん問題はあるだろうと思った。

学生（4）	
第1回	・今は男女平等とかに関して支障があまりないが、就職したら何度も格差に対面し戸惑う事が予想されるため、学生のうちから考えておくのは大切だ。
第2回	・普通に考えると、だいたい夫が家事が出来なく、妻が家事をやるイメージが大きいので、ワークショップで本当のストーリーを知って考えさせられた。 ・私は将来家庭科の教員を志望しているのだが、考える立場になる者が、男性はこれ女性はあれと無意識に決めつけるのはいけないと改めて感じた。
第3回	・これからの人生、仕事、家族のあり方、社会について、様々な意見を聞くことにより、今までの自分の考えを改めて考え直すよい機会になったと思う。 ・男女平等は難しいけれど、やはりとても大切なことだと思った。将来家庭科の教師になれたら、子どもたちと共に考えていけたらと思った。

タに基づき、私たちの考え方や感じ方をリアルに伝えた。講座ごとに学生の振り返りシートの内容を確認して、学生たちの疑問点や不明点を取り上げ、次の講座で新たな資料を提供するなど、若い世代と対話しながら回を重ねた。

こうしたメンバー間で課題を共有する作業を通して、次の出前講座などの活動につなげていくマニュアル化の基礎作り、この本の出版への契機となった。

講座を通して、学生の「生の感覚」を感じ取った。会員の体験談はロールモデルの少ない学生にとって新鮮で学生たちの心に響いたようだ。私たちにとっては身につけてきた「ＹＯＲＯＩ」を少しずつ脱いできた軌跡を検証する契機となった。キャリアを考えることを通して幸福論など、抽象的な課題の共有であったが、学生たちの将来や人生について考えるきっかけを提供した意義は大きい。

また、私たちの体験談に寄せてくれた学生の声には心揺さぶられた。「こういった学びの機会があったら、自分の両親は離婚しなくてすんだかも…」といった、あまり語りたくないであろうことも書いてくれた学生もいた。双方向で学ぶことの意義を学生から教えられた例であった。

地域とのつながりを目指す大学にとっても、私たちのようなゲストティーチャーの役目は大きいのではないかと思われる。今回の私たちの活動は「ともに地域に生きる」を体現したと言えるのではないだろうか？

今後に向けての課題としては、場数を踏んでいくことが必要である。可能であれば、大学生を対象としたものだけでなく、高校生や中学生、保護者などとも学びの場を共有していきたい。情報発信や啓発活動にあたって、伝える対象を理解した上で、伝え方の工夫をしていきたい。

地域活動団体に共通の課題といえるが、活動メンバーの確保も大切である。

今回の取り組みをどう活用していくかは、今後の私たちの姿勢にかかってくる。男女平等の法制度が進む中で、意識がついていかないという「ねじれ」を埋めていく活動は大切である。この講座を通して、若者と双方向で学び合った経験を生かして、「未来」に向けての活動を積み上げていきたい。

～長谷川先生の講評～

- データのうしろにある皆の生の暮らしが学生に伝わった。学生の母の世代について数字を具体化できた。
- 今回の講座は「Win Win」だった。自分としてはこういった取り組みを認めているが、大学としてはまだ一般的ではない活動だと思う。
- 今は、男と女は生物学的、生きる戦略として役割分担を決めてきた歴史がある。それも時代によって異なってきている。過去の役割に引きずられないよう、時代に即した価値観を共有できるようにすることが大切。
- 学生が社会に入る時のゆさぶりとなった。入る前にラベルを貼られる社会の仕組みについて、社会で味わうその辛さや、学校ではありえなかった現実を知ってもらえる機会になった。

わたしたちの活動している茨城って…

《茨城 豆知識》

人口（※1）	2,917 千人	全国第 11 位（平成 27 年時点）
1 人当たりの県民所得	3,138 千円	全国第 8 位（平成 25 年度）
工場立地面積 （電気業を除く）	1,181ha	全国第 1 位（10 年間累計）
農業産出額	4,549 億円	全国第 2 位（平成 27 年）
海面の漁獲量	22 万 3,721t	全国第 3 位（平成 26 年）
つくばの研究者数	2 万 431 人	うち博士号保持者 7589 人 （平成 26 年時点）
耕地面積割合	28.3%	全国第 1 位（平成 26 年時点）
住宅敷地面積 （1 住宅当たり）	424.79m^2	全国第 1 位（平成 25 年時点）
道路実延長	5 万 5,829km	全国第 2 位（平成 26 年時点）
高齢者近住率（※2）	71.9%	全国第 10 位（平成 25 年）

※1　「推計人口」（総務省統計局）。

※2　子どもが同居、同一家屋、同一敷地及び近隣地域に住んでいる 65 歳以上人口の割合。

全国で 1 位だよ !!

など 12 品目の農産物

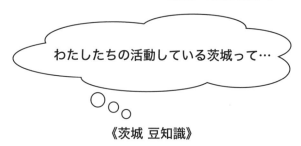

第Ⅲ章　トビラを開けて・・・

——円卓会議から——

この章は、未来に生きる若者へ、伝えたいメッセージとして7項目についてまとめた。家庭・地域・教育・医療の現場で、私たちが経験し悩んできたことを課題として取り上げ、提案者（会員）を囲んで円卓会議を開催し話し合った。変化の激しい多様な時代に生きる世代だからこそ、幸福な人生を送って欲しいとの祈りを込めて綴った。

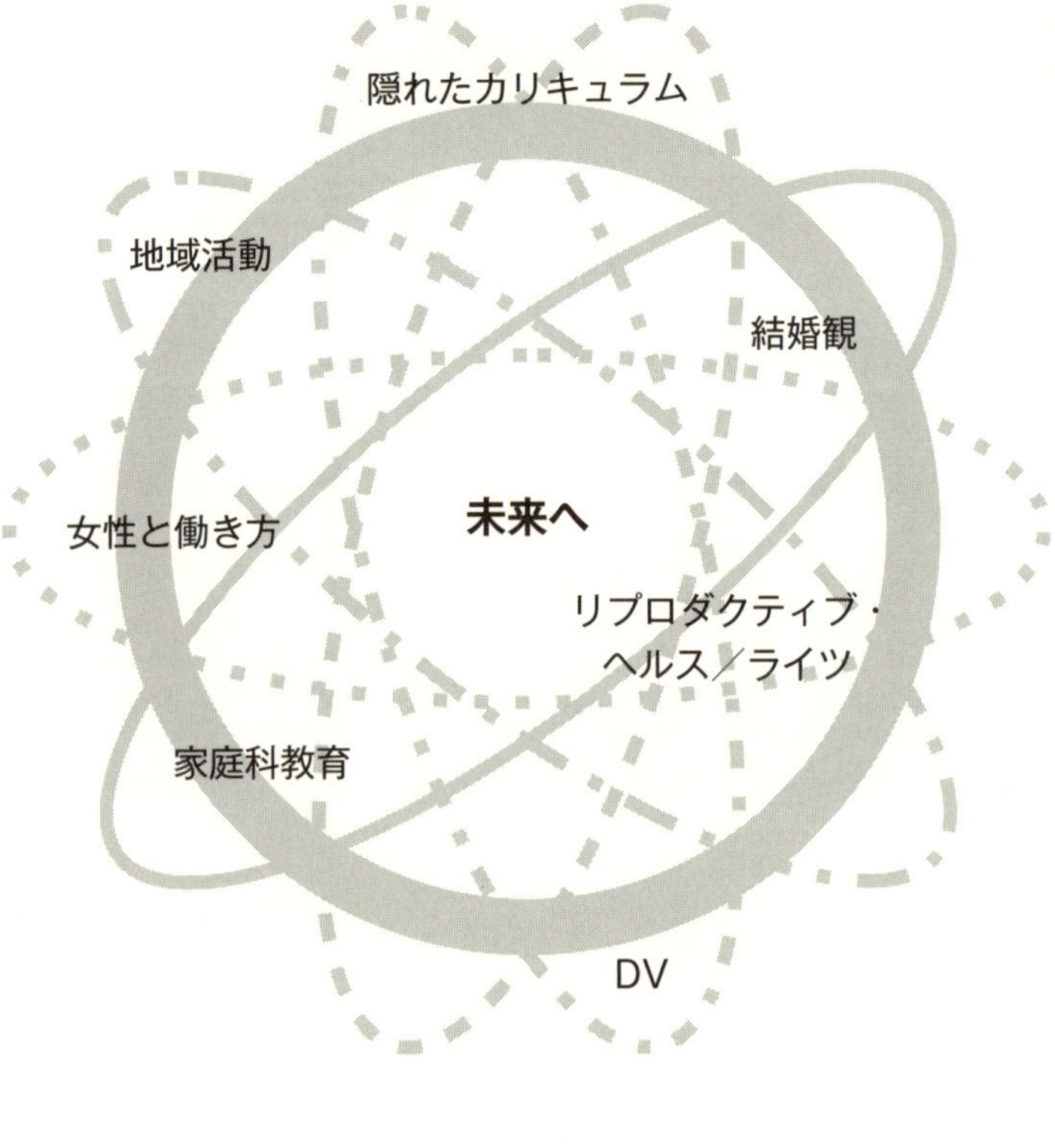
隠れたカリキュラム
地域活動
結婚観
未来へ
女性と働き方
リプロダクティブ・
ヘルス／ライツ
家庭科教育
DV

第1節　隠れたカリキュラム

「隠れたカリキュラム」（Hidden Curriculum）とは、学校現場で、教師の資質（人柄・態度・考え方・価値観・声色など）の中にあるものを、生徒が教科以外で敏感に受け留めるメッセージのことを言う。教師が正論を言っても、その裏にある教師自身のジェンダー観などの価値観が意図しないまま生徒に伝わってしまうということ。

教育現場やスポーツ界でのジェンダー問題が多くなってきていることや、若者の保守化が進んでいるといわれる状況から、改めて隠れたカリキュラムについて考えたい。

２００４年に男女平等を進めるための出前講座を実施するにあたって、研究チームを立ち上げ学習会を重ねる中、「隠れたカリキュラム」の言葉に出会った。これは、私たちにジェンダーの思い込みがある場合、それを意識しないままにしておけば受講者に伝わってしまうことへの気づきと留意を促すものだった。

隠れたカリキュラムって？

これは学校現場から生まれた言葉だが、学校の他に家庭や社会においても、正論と表裏一体となって一方的に送り続けられるメッセージ。これが良くも悪くも「隠れたカリキュラム」として、受け手側に空気を吸うように入り込み、意識されずに、しかも確実に伝わっていく。

学校では　私たちの調査（※1）から、多くの大学生が「教師の接し方に男女で違いがあった」と思っており、学校生活で「男が先であたり前」という雰囲気だったと感じている学生もいた。また、「教師の関心が男性に向いていることが多かった」との思いは、男子に比べ女子学生の方がずっと多かった。

これらの結果は、「平等」をきちんと伝える「顕在的フォーマルなカリキュラム」ではなく、教師が無意識に伝えるメッセージが影響しているのではないだろうか。

家庭では　両親から子どもたちにどのようなメッセージが伝わっているのだろうか。前出の調査（※1）より、大学生は、親から男女の性別にこだわらず育てられたと感じている一方で「親の価値観や人生観」を押し付けられたと受け止めている学生もいる。また、男子は「男のくせに泣くな、こまかいことは気にするな」と言われ、女子は「女のくせに優しくない、愛嬌がない」

と言われて育っている状況もうかがえる。

進学にあたっては、5人に1人が、親からそれぞれ「男だから親としてできる限りの支援をする」「女だからほどほどの学校でよい」と、性別による進路への導き方をされたと感じている。また、男子には「家事の手伝いより勉強」、女子には「勉強より家事」を求める親もいたようだ。

多くの家庭で親は子の養育にあたって、意識するかどうかは別として、性別に応じた枠内でのメッセージを伝えている傾向があり、子どもたちはその隠れたカリキュラムを敏感に感じ取っていることがわかる。

社会では　競争心をあおる学歴主義や経済至上主義などの風潮は、根強い隠れたカリキュラムと思われる。社会は競争する場となり、未だに勝ち組、負け組と言われるメッセージがメディアなどから伝えられる。

社会の中で多くの人びと、とりわけ子どもたちに大きく影響を及ぼすものとして、社会通念などの他に、テレビ、アニメ、インターネット、コマーシャルなどのメディアがある。メディアのメッセージは作り手の意図によって構成され、一方的に絶え間なく流される。それによって、子どもたちは、特に男女別の意識や行動への影響を少なからず受け、隠れたカリキュラムを自然に受けとめている。

第四回世界女性会議（北京会議）で採択された行動綱領の中に、「表現の自由に矛盾しない範囲で、性差別的表現をなくす努力を自主的に進める」とあり、今これがメディアに求められている。

女性のキャリア形成の中で

２００５年版 男女共同参画白書によると、我が国の高校生の理科、数学の学習能力には男女差は認められなかった（※２）。また、小中学生は理科や算数（数学）は大切だと思っているが、女子生徒は進学先や職業として理工系分野を選ばない傾向がある（※３）。

一方で、中学２年生は「親は将来、自分が科学や技術に関わる仕事についたら喜ぶと思う」「先生は、私が理科でよい成績を取れると期待している」について、女子に比べて男子の方がより強くそう思っている（※４）。女子が自然科学を敬遠する一因としては、親や教師など周囲の人びとの意識が影響していることも考えられる。

円卓会議でのさまざまな意見

◇女性研究者の話では、研究過程で大変な時が出産時期と重なる。５年のスパンで評価される仕組みがあり、成果が出ないと次のステップを踏めず、実績の積み上げに苦労しているそうだ。

育児が一通り終了してから仕事をすべきという抑圧から、研究に没頭できるのは母親役割がある程度終了する50歳からになってしまう現状がある。女性の働き方とライフスタイルが噛みあっていないという問題。

女性研究者は
50歳から？

◇学校教育では正論として「社会は男女平等であるべき」と教えるが、社会システムは依然としてジェンダー化されたまま残っている。女性のキャリア教育は、卒業後は「社会には受け皿がないかもしれない」といった現状を見据えて進めなければ、生きづらさに苦しむ女性は減らず、晩婚化・少子化へとリンクしていくことになる。

◇進路指導で先生のお話しを聞いたうえで、自分にとって何がいいか、どうしようかと考える時間が必要だ。そこで自ら問い自ら答えを見出す訓練をする。

◇運転手になりたい女子もいるが、社会通念や企業の採用枠により断念することが多い。

進路や職業の選択で
無意識のメッセージ
って、あるわね！

◇グライダー飛行でなく自力で飛ばなくてはならない。指示待ちではダメ。

◇ジェンダーの視点で子どもの問題を考えると、男子への大人の過度な期待は、本人がそれに応えられない場合プレッシャーとなり逃げ場がなくなる。一方、期待されていないと感じる女子は自尊感覚を弱めていく。

◇子どもの学びや問題行動などの陰に、大人の意識や態度・行動が隠れたカリキュラムとなって子どもに影響しているといわれているので、大人側にその気づきと自覚が必要。

◇母として子どもには男女平等な生き方を語る一方で、自らは性別役割にそった夫婦の姿を子どもに見せていた自分は、まさに隠れたカリキュラムだったと思っている。これは時代の中で折り合いをつける女性の生きぬく知恵でもあったのか？

大人の「言ったこと」より「やっていること」が子どもに影響？

◇一方的に流れる歌謡曲の歌詞などの情報を鵜呑みにせずに立ち止まって考える必要がある。

♥若い世代へ伝えたいメッセージ♥

○自分の人生、自ら考えて答えを見つけよう！

正しい答えはひとつではなく複数ある。すべて教えてもらおうと思うのではなく、自分で考え、自分で答えを見つける。社会に出たら答えはないかもしれないのだから。

○あたりまえだという前に、立ち止まって考えてみよう！

時には批判する意識も、疑ってみることも必要かもしれない。

○幼児教育に関係される方へ

隠れたカリキュラムについて、幼児に関わる方々にこそ、その理解と自覚が必要。

※１　２００８年度　文部調査「若者の意識と実態」（県内大学生１１６７人）
※２　経済協力開発機構・ＯＥＣＤの学習到達度調査、第Ⅰ序—31表。
※３　国立教育政策研究所「教育課程実施状況調査」、第Ⅰ序—34表。
※４　文部科学省「学校教育におけるジェンダーバイアスに関する研究」、第Ⅰ序—35表。

長谷川先生コメント

子どもが社会化する場合、大人社会の様々な文化を吸収していく。学校は、多くの子どもたちに様々な文化を提示し、手渡す工房のようなものだ。ところで、この学校で手渡される文化（社会的・文化的性差も）は、どのようにして手渡されるのだろうか。

学校にはフォーマルなカリキュラムに対して、何気ない振る舞いや言葉遣い、役割分担など隠されたカリキュラムがあるという（フィリップ・W・ジャクソン）。ジェンダーに関する影響は、この隠されたカリキュラムの影響も少なくない。

教師の何気ない一言（無意図的振る舞いなど）が、子どもへ「ジェンダーという名の指標」を手渡すことになる。教師の日常生活が文化として渡されていくということだ。教師は学校ではただの大人ではない。

日本女性会議みと 2001 では、「百合祭」という映画（老人の性を取り扱った作品）を上映するかどうかで試されたのかもしれない。「こんな成人映画のような作品」という指摘を乗り越えて上映したことは、大人の中にある「隠れたカリキュラム」の呪縛を乗り越えた証左だったと思う。

第2節　結婚観

近年男性の未婚化・晩婚化について、メディアは「若者の保守化・出会いの場がない」などの理由を上げているが、果たして本当にそうだろうか。最近のデータをみても、10年前とさほど結婚の状況は変わっていない。

なぜ若者は未婚化・晩婚化になるの？

生涯未婚率について男性は女性の約2倍で、数年後には50歳までに結婚しない男性は3割に達するのではないかと言われている。

メディアでは、「若者が保守化している」「結婚しなくても生活が便利になっている」「出会いの場がない」などの理由で、若者が未婚化・晩婚化になると報じられている。若者たちは、表面上はこのように答えているが、現状はどうなのだろうか。

データ（※1）によると、未婚で現在恋人がいない人について、20代男女の約4割が恋人を欲しくないとし、その思いは本人の年収が低いほど大きい。同様に女性は社交性が低いほど、男性では自己効力感（※２）が低いほど、恋人が欲しくないと答える割合が大きい。

恋人が欲しくないと答えた大半の男女は、その理由について「恋愛が面倒」、次いで「自分の趣味に力を入れたい」「仕事や勉強に力を入れたい」と続く。

若者たちは、「そもそも出会いの場がない」「自分は魅力がないのではないかと思う」「自分が恋愛感情を抱くことが出来るのか不安だ」と恋人として交際する上での不安をもらしている。その中でも、男女ともに社交性や自己効力感が低いほど不安は大きく、その半数近くの男女が自分は魅力がないのではないかと思っているようだ。

結婚と親密性

本来、恋愛から結婚へと関係が深化するためには、互いの親密性が必要となる。ここでいう親密性とは、相互依存的、互恵的な人間関係のことであり、それを心地よいとする心のあり方のことである。

つまり、一方が依存を求めたときには、慰め、気づかい、時には意見をする関係であること、あるいは一方に問題が生じたときには、共に解決していこうとする関係であることが恋愛から結婚へと関係が進化するためには必要となる。あわせて、このような関係性は、結婚生活の維持へとつながる。

しかし、これまで男性は、他者へ依存することを良しとされず、むしろ自力で問題解決することを奨励されてきた。一方女性は、パートナーに対する一方向的な精神的サポートを要請されてきた。

今後、社会の変化にともなって新たな結婚形態が模索されるなか、結婚における親密性について今一度着目する必要があるだろう。

「結婚」の変遷をたどってみよう

結婚の形態

明治時代の民法では、女性本人の結婚・離婚の自由は認められず、戸主である父親の許可が必要だった。昭和の戦時下、男たちを兵士にするために「女が家庭を守り男は外で戦う」という一対婚が推奨され、結婚は「家」と「家」との結びつきだった。

戦後の新民法（昭和22年）により、結婚は「個」と「個」との結びつきとなり、夫婦は対等の関係とされた。昭和30年頃、高度経済成長期に入り「男は外で仕事、女は家庭で家事・育児」という性別役割分担意識が浸透していった。昭和40年頃「見合い結婚」より「恋愛結婚」の割合が多くなった。

昭和60年に日本は「女子差別撤廃条約」を批准し、翌年「男女雇用機会均等法」が成立。平成

8年頃には、共働き世帯の割合が専業主婦世帯を上回り現在に至っている。（下図）

結婚相手の条件

女性が望んだ結婚は、高度経済成長期の頃、「家付き、カー付き、ババ抜き」と言われ、バブル期の頃には、結婚相手の理想の男性は、3高（高収入、高学歴、高身長）が求められた。そしてバブル崩壊後に女性が望む結婚相手は、まず人柄、次に家事・育児に協力してくれること、そして女性自身の仕事に理解を示してくれる男性となっている。

一方男性は、非正規の職に就く者が増加したにもかかわらず、正規の仕事あるいは経済力がなければ結婚はできないと考える人も多い。そう考える背景として、未だ男性にとっ

共働き世帯の推移

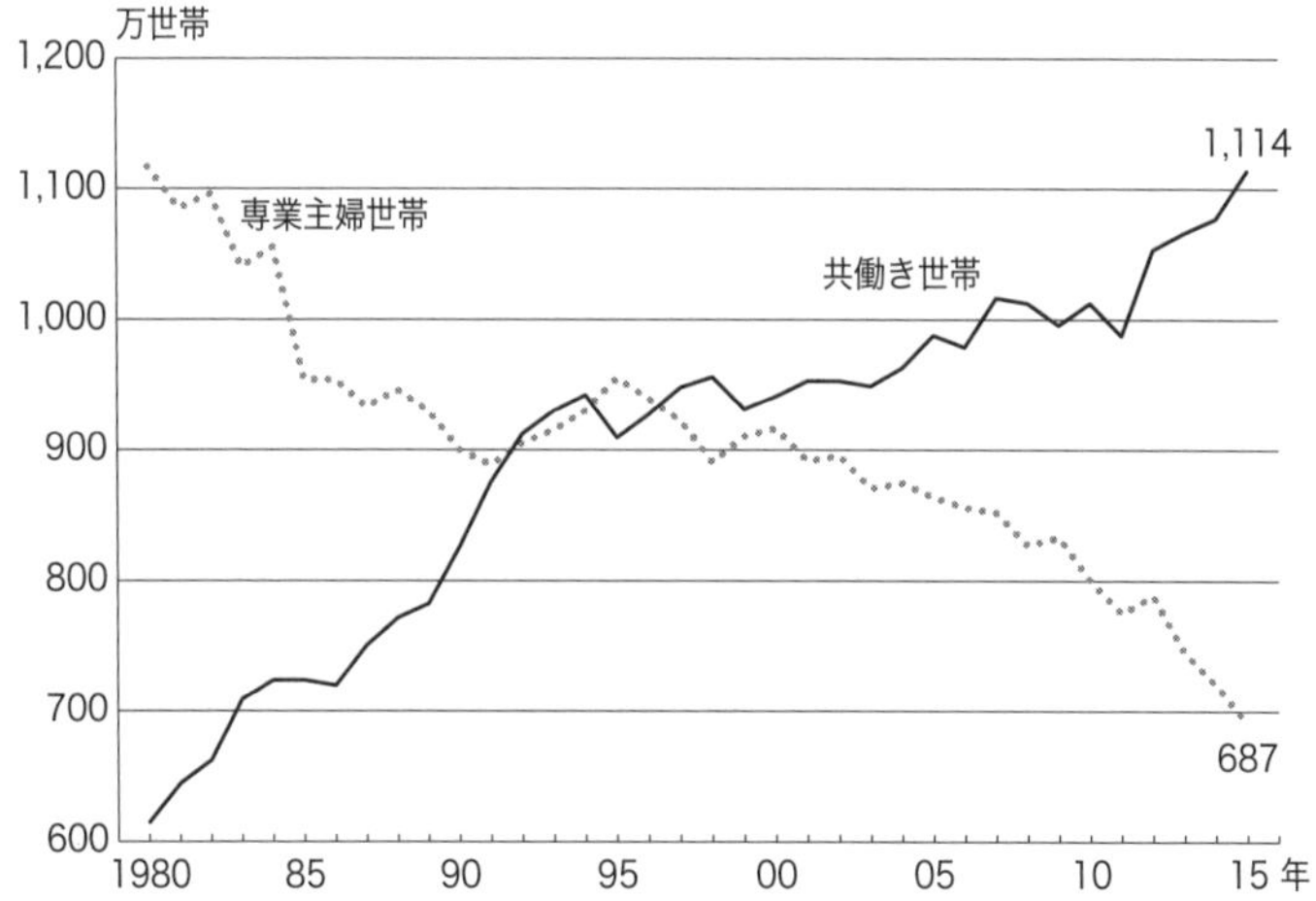

厚生労働省「厚生労働白書」、内閣府「男女共同参画白書」（いずれも平成26年）、総務省「労働力調査（詳細集計）」（2002年以降）。

ての結婚が性別役割分担意識の元にあることがわかる。

結婚相手には共に家計を支える役割を求め、自ら家事や育児を平等に担うことを希望する男性は稀であり、多くの男性が結婚相手に望むことは、従来の役割か、あるいは大黒柱としての自信を失い結婚自体を望まないかである。

変わる？　くい違う？　若者の思い…

若者の約4割は「経済的に自立していれば、男女ともに必ずしも結婚する必要はない」と思っている。この考えは男子より女子の方がわずかに多かった（※3）が、その背景については男女で違いがあるように思われる。


今の若者たちは、仕事中心の父と、それを支える専業主婦の母との間で育った人が比較的多い世代であり、両親の役割分業モデルを身近で学習してきた。

そのような中、男性は将来経済面を担う存在として育てられ、「男の子は泣くな」などと情緒的なものから遠ざけられてきた。その結果、男性は女性に比べて、結婚生活をより良いものとするために必要な「親密な関係」を築くのが困難となり、結婚に消極的になる者も多いのではないだろうか。また、社会的に整った生活環境の中で、一人でも生きられると思う男性が増えたことも確かだ。

一方、教育の場で男女がともに競争し、女性の社会進出が広がりつつある中で、女性は個として自立した対等なパートナーを求めるようになってきた。ところが結婚すると、「男は仕事」、「女は家事・育児＋仕事」の多重役割を担い、負担感と不公平感を抱くことになる。このような現実を知ってしまった女性たちは「必ずしも結婚する必要はない」と考え始めたのではないかと思われる。

このように、若者は男女とも結婚に消極的な傾向は同じだが、その背景は大きく異なる。社会の変化や女性の意識が変化する中、新旧価値観のはざまで揺れる若者の姿が見える。

円卓会議でのさまざまな意見

◇未婚化・晩婚化を防ぐために、行政などは出会いの場を用意している。また、ミスマッチを防ぐためにビッグデータを使用して、独身男女のマッチングに役立たせようとする動きもある。

◇結婚相談には、本人でなく親が参加することも多い。

◇男のところに女が嫁ぐという形での結婚支援では、女性が求めているものや願っていることを見失いがちだと思う。

◇出会いの場を設けるだけでは、結局コミュニケーション能力の高くない人や消極的な人に対する効果は低い。

◇結婚支援では、「話すのが苦手でも聞き上手であればいい」というような人との関わりに自信が持てる具体的な講座を取り入れてほしい。

◇自分に自信が持てず魅力がないと感じている若者が増えると、未婚化・晩婚化が進む一方だ。

結婚支援に
工夫がほしい！

◇友人関係の中で、対面のコミュニケーション能力を養い、人と深く関わることが心地よいと感じる経験を、子どもの頃から多く持たせたい。

◇自己を肯定することで他人を認め褒めることができる。学校でも自分や友だちの良いところを見つける場面がほしい。

幼少期からの
人との関わり大切ね

◇親が息子の新婚所帯を訪ねると息子が食器を洗う姿を見て「息子がかわいそう」と嘆く。一方、娘の新婚アパートで娘の夫が洗濯物を干しているのを見て「娘は何と幸せな結婚をしたのだろう」と思う親がいる。親世代として新民法で娘を育て、息子は旧民法で育ててしまったのかもしれない。

◇かつては、家庭内に問題があっても、地域が子どもたちを受け入れ、「人と深く関わるのは良いことだ」と子どもたちが学べていた。

男の子と女の子で
育て方は違った？

◇北欧などでは事実婚が多く多様な結婚のスタイルがある。日本でも事実婚や性的マイノリティの問題など多様な生き方が浮上している。

◇多様な価値観がある中で、結婚という制度に縛られない生き方を選んでもいいのではないか？　社会保険制度も含め「個」としての生き方を支える施策があってもいいと思う。

結婚の形は
いろいろね

♥若い世代に伝えたいメッセージ♥

○結婚は、「男らしさ・女らしさ」ではなく、「二人らしさ」で暮らせるといいね。

○男の子だって「人間関係に悩んでいる！」、「他者との関係がうまくいかない。どうしたら良いか教えて！」と言ってもいいんだよ。

○傷つくことを恐れずに、まずは友達に本音でぶつかってみよう。「傷つく勇気」も大切。

※1　内閣府政策統括官「結婚・家族形成に関する意識調査報告書」平成27年3月。

※2　自己効力感とは、他者からの要請に自分が対応できていると思えること、自分の行いに対して自己コントロールできていると感じられること。

※3　2008年度支部調査「若者の意識と実態」（県内大学生1167人）。

長谷川先生コメント

結婚は、文化人類学的な意味では「性交渉の排他的特権契約」とも表現されている。つまり、誕生する子どもの父親が確定できるようにするための契約だというわけだ。財産や家督を相続させるには不可欠だということになる。しかし、現在はDNA検査もあるし、その中身が変わろうとしている。同性同士の結婚も可能となり始めているのが現状だ。

とすれば、なぜ人は結婚をするのだろうか。もちろん「一人よりも二人の方が幸せになる」という考えなのだろうが、双方のライフスタイルを合わせて、新しい二人のライフスタイルが形成できるかが試されているようにも思う。

最近の脳科学では、男性が女性を観る最初の場所はウエストだと言われている。ウエストとヒップの理想的比率が7：10だというのである。つまり、出産に適合しているかどうかがポイントだというのだ。女性は、脳の記憶装置（海馬）のふるいをかけて、育児に協力してくれるかどうかを値踏みするのだという。結婚という文化形式は、出産・子育てという動物学的理由から生じていると思うのだが、もうそれを超え始めているのかもしれない。「二人でいること」「快適な生活」という価値観が強くなり始めているのかも。

第３節　リプロダクティブ・ヘルス／ライツ

＊性と生殖に関する健康・権利と訳される。

リプロダクティブ・ヘルス…人間の生殖システムおよびその機能と活動課程のすべてにおいて単に疾病がないというばかりでなく、身体的、精神的、社会的に完全に良好な状態であること。人々が安全で満ち足りた性生活を営むことができ、生殖能力を持ち、子どもを持つか持たないか、いつ持つか、何人持つかを決める自由をもつことを意味する。

リプロダクティブ・ライツ…性に関する健康を享受する権利。すべてのカップルと個人が、自分たちの子どもの数、出産間隔、出産する時期を自由にかつ責任をもって決定でき、そのための情報と手段を得ることができるという権利。差別・強制・暴力を受けることなく、生殖に関する決定を行える権利も含まれる。女性が安全に妊娠・出産を享受でき、カップルが健康な子どもを持てる最善の機会を得られるよう適切なヘルスケアサービスを利用できる権利も含まれる。

我が国では女性の現状はおおむね良いと考えられてきたが、国際化が進む中で諸外国との様々な違いが明らかになってきた。すなわち、先進国であるにも関わらず遅れを取っている分野が女性の健康支援であることに気が付いたといえる。困難に巻き込まれている女性がいることや法律の不備も浮き彫りになってきた。なぜ、過去の女性たちの声はなかなか取り上げられなかったのか、検証することで、「いつ頃」、「何を知らせるか」、「知っておかなければならないか」などを確認していきたい。

女性の健康問題がなかなか進展しない背景には、日本社会における女性の立場、女性の現状が大きく影響している。女性の健康を支援することで、次世代の女性の活躍推進につなげたい。

成長に伴う体の変化

戦後の食糧難の時代には蛋白質が不足していたが、現代では栄養状態も良くなり、子どもの成長も早まっている。あわせて、女性のライフスタイルも変化し、月経を迎える年齢は早くなったが結婚する年齢や出産する年齢は遅くなってきた。女性の社会進出に伴い、様々な女性特有の疾患も目立つようになった。

生涯を通じた女性の健康

女性の健康問題は男性と比べて複雑である。大きく思春期、成熟期、更年期、老年期とに分けられる。女性のライフステージはホルモンバランスが関係している。平均寿命が延びて男性並みに働くことで、就労期の女性が健康に関するトラブルを抱えることが増えてきている。子宮内膜症、子宮筋腫などに気付かず、放置するケースもみられる。また、成熟期は性的な接触によって感染する性感染症に感染することもある。クラミジアやＨＩＶなどは自覚症状がないため、検査をしないと発見できない。産婦人科は「産むところ、妊娠したら行くところ」と思っている女性もおり、早期発見・早期治療の機会を逃している。

働き盛り、キャリア形成の時期にも気軽に医療機関を利用するためには、その前の時期、すなわち思春期の時期に情報提供することが必要となる。思春期の時期に生涯を通じた健康に関する知識を持ち、自分の将来のために性に関する科学的な知識を持つことが大切になってくる。

十代の性に関する知識の現状

中学生・高校生たちは男女とも８割以上が「将来、結婚したい」、「将来、子どもを持ちたい」と考えている。しかし、近年の統計によると未婚率は上昇し、実際には希望どおりになっていない。

思春期の相談窓口に寄せられる相談内容は様々で、現代っ子は大人が思っているよりも有害情報にさらされている現状が明らかとなっている。不確かな情報にまどわされ、正しい情報と間違った情報を見極める力がないまま、トラブルに巻きこまれている。中には「中学生は絶対に妊娠しない」、「中学生や高校生は妊娠しないから避妊は必要ない」と信じている生徒もいる。

また「女性の月経は死ぬまで続く」、「女性は生きている間ずっと妊娠できる」と考えている生徒もいる。将来、希望した時期に計画妊娠・計画出産するためには、妊娠可能な時期についても、大人になる前に知っておく必要がある。

女性は身体のことを相談しにくい

昔は、月経のことを話題にしたり、人前で性に関することを口にすると、「はしたない」とか「行儀が悪い」と、とがめられた。しかし、小学校で男女一緒に保健学習で学ぶ現代でも、茨城県ではその傾向が続いている様子がうかがえる。乳がんや子宮がんの市民公開講座に参加したいなぁ、と思っても行かなかったり、梅毒やエイズ予防の研修会があっても知り合いに会うと気まずいから、などと結局行かずに終わってしまう。

性に関する以下の事柄について、15 歳までに知るべきと思う割合（%）

	2002年	2004年	2006年	2008年	2010年	2012年	2014年
男女の心と身体の違い	90.3	88.7	92.7	93.7	92.6	91.4	91.3
二次性徴、月経、出産、射精などの仕組み	90.8	89.6	94.1	95.0	93.0	92.1	87.0
受精、妊娠、出産、誕生のしくみ	86.7	84.9	90.6	91.9	89.8	87.3	70.7
セックス（性交渉）		65.7	73.2	74.9	73.4	69.1	71.9
避妊法	75.0	70.1	76.5	77.2	76.3	73.9	60.7
人工妊娠中絶	66.8	91.4	66.9	68.0	65.1	62.5	74.0
エイズとその予防	75.1	71.8	78.1	77.0	77.1	75.1	72.5
エイズ以外の性感染症とその予防	72.3	68.8	73.5	74.7	74.2	72.7	65.2
コンドームの使い方	62.8	61.8	68.7	68.5	67.2	65.6	56.5
多様な性のあり方	50.6	50.8	55.7	57.5	59.4	57.7	64.1
性的被害の対処法	61.0	60.4	66.1	67.7	66.2	65.9	77.9
男女間の平等や助け合い	73.1	75.4	81.5	80.0	80.4	79.2	58.0
結婚	49.9	46.6	57.5	58.6	59.5	60.5	54.2
離婚	45.7	41.7	52.7	53.7	56.1	55.3	83.7
人と人とのコミュニケーション	76.0	80.2	84.7	85.9	86.4	84.1	74.7
性に関する倫理や道徳	70.9	72.1	76.2	78.1	76.8	73.4	91.3

（出所）北村邦夫「男女の生活と意識に関する調査」2002、2004、2006、2008、2010、2012、2014。

高校生を対象にした調査でも「あなたは性に関する悩みや不安を誰に相談しますか?」という質問に対し、「誰にも相談しない」、「相談できない」という回答が多い。体に関することを言葉で表現することが苦手で、どう説明すればいいかわからず、気になっていても結局相談しない、ということが多いようである。母親世代は詳しく習ってこなかったため、月経痛のこと、更年期の不調のことなど、がまんしてしまうことがある。

これからは、有効な社会資源を利用し、専門家を活用して、茨城県でも女性がどんどん相談できるようになることが望まれる。性感染症に感染したかもしれない、予期せぬ妊娠をしたかもしれない、など、誰にも知られたくないことを相談できるようになればよい。今、どうすればいいか、今からどこに行けばいいか、など、具体的なアドバイスがあれば、トラブルを回避できる。

とくに中学生・高校生など十代が利用しやすい窓口が必要である。そのためには、相談者のプライバシーが守られること、思春期の現状を理解している専門家が増えることが必要である。高校生に対する調査では、「危ないことは危ないときちんと教えて欲しい」、「最新の情報を教えて欲しい」という要望が多い。

また、トラブルに巻き込まれた時、被害にあった時に「相談していい」ということをあらかじめ伝えておかないと、せっかくの窓口も利用されない。十代の性被害は、加害者が顔見知りのケースも多く、口止めされていたり脅されているケースもある。「絶対に誰にも言うな、と脅かされても、警察の人には言っていいんだよ」、ということを早い時期に伝えておくことは有効である。

その際、相談者の個人情報が守られることが必要で、事件になって新聞などで報道される際も、十代の性被害者の日常生活が守られるよう最大限の配慮が望まれる。

これからの私たち

地域で話題にしていくことによって、体調に関することが話しやすい環境をつくっていくことができる。知り合いに声をかける、近所の人に体調をたずねるなど、ちょっとしたことから、互いに気遣い、無理をしない、頑張りすぎない、体調不良を言い出しやすいコミュニティを作っていくことが可能となる。健康に関することは、自分でも見逃してしまうことが多く、忙しい女性は、生活に追われて、忘れがちになったり、ついつい後回しにしてしまうことも多い。

健康情報があふれ、大人でもメディアの情報に振り回されてしまうこともある。何か相談されたら、知ったかぶりせずに「あなたのことが心配だから、医療機関を受診してね」、「いいチャンスだからとりあえず検査してみたら？」と声をかけるように心がけたい。

高齢女性が成熟期の女性に、成熟期の女性が思春期世代に、というように、各世代が年下の女性たちに口コミで伝えていくことにより、茨城県の女性の健康の底上げが実現していくとよい。

「これって大事だよね」と言ってもらうと、学ぶきっかけとなる。

円卓会議でのさまざまな意見

◇保健室の先生をもっと増やせないか？　保健室の先生が複数いれば、早い段階で子どもたちの変化に気づけるのではないか。

◇保護者に、もっと意識を高く持って欲しい。自分の子どもや孫が被害者・加害者にならないよう、保護者がしっかり子どもの成長発達を見守りながら、いいタイミングで性加害・性被害防止の内容も伝えてほしい。

◇地域で性に関する学習の場を増やし、大人も各世代に合わせた情報を得るとよい。さらに、女性もかかりつけ医をもって、月経痛やナプキンかぶれなどなど、気軽に専門家に相談できるとよい。閉経後の年齢でも、萎縮性膣炎や子宮脱、軽い尿失禁など積極的に医師に相談できるようになるといい。

◇今回は女性の課題を取り上げたが、男の子は闇の中にいる。母親は女の子のことはわかるが、男の子のことは詳しくない。母親を対象に男の子の成長に伴う体の変化の情報提供が必要だと思う。

♥若者へ伝えたいメッセージ♥

○女性のライフサイクルを知り、生涯を通じた健康支援の大切さを周りに伝えましょう。

○女性は妊娠や出産をする可能性があることを認識して、健康に関する正しい知識を身につけましょう。

長谷川先生コメント

「リプロダクティブ・ヘルス／ライツ」を問うことは「命を問う」ということだ。

そして、命を全うさせるために作り上げてきた「社会という名の幸せ装置」のあり方を鋭く問うということだと思う。

社会は、男性中心型の医学研究を進行させてきた。したがって、男女の身体の違いを考えるにも、一般的医療として男性モデルを考え、特別型として女性モデルを考えてきたのかもしれない（例えば、婦人科はあるが男性科はない）。性に主従があるのだろうか？

女と男がそれぞれの「命の分担」をしているのだと思う。そのことは、「命の学習」を必要としていることを教えてくれる。

提案者の現状指摘は多くの示唆に富んでいる。隠れたカリキュラムによって手渡されてきた「偽りの性」を、どう解放し、どう伝えていけばいいのだろうか。

第4節　DV（ドメスティック・バイオレンス）

ドメスティック・バイオレンスは、「domestic ＝家庭内の」「violence ＝暴力」となり、家庭内の様々な形態の暴力と考えることができるが、配偶者や恋人など密接な関係にある、または、あった者から振るわれる暴力という意味でつかわれることが多い。
ドメスティック・バイオレンスは、「domestic ＝家庭内の」「violence ＝暴力」となり、「家庭内暴力」と訳されるが、「配偶者や恋人など密接な関係にある、あるいはあった者から振るわれる暴力」を特化し区別するために、あえてカタカナのままにしたとされている。

女性への暴力が多様化、家庭のブラックボックス化などで、ますます見えにくくなっている。「女性と人権」の問題について、ＤＶを切り口にその背景や原因を明確にしたい。

DVの背景

男性優位の社会構造のなかで、被害者の多くは女性である。日本では「男は仕事、女は家事・育児」という性別役割分担の考えかたが社会に広く残存している。「男は男らしく」「女は女らしく」といった「らしさ」にこだわる性別役割分担意識が、生活のあらゆる場面に影響し、男性は支配し女性は支配される側という男女関係を形成し、ＤＶがそのねじれた結果として起こっている。

性別役割分担や支配や所有の考え方以外に、核家族化も一因であると言われている。ＤＶが世の中に浮上し始めたのは１９７０年代後半の地域共同体が解体し始め、核家族化に移っていく時期であった。核家族化は家庭のブラックボックス化の始まりであり、地域の人々の見守りや支援が、家庭に届けられなくなっていくということでもあった。

ＤＶ被害は２０００年以降、増加傾向にあると言われている。被害者には、相手からＤＶを受けているという意識がない、またはＤＶを受けていることを認めたくない人たち。さらに、ＤＶ被害を受けている自覚はあるものの、経済的な理由から今の生活を変えたくないと耐え続ける人もいる。加害者にも様々なタイプの人がいる。男尊女卑の考えを持っている人・嫉妬深い人・相手が悪いから暴力を振るってしまうのだという人など。学歴・経済状況に関わらず、どんな家庭でもＤＶは起こりうる。ＤＶは重大な人権侵害であり、犯罪となりうる行為である。家庭の中でのこととして軽視される問題ではなく、深刻な社会問題である。

暴力に対する認識と「共依存」

暴力に対する認識が変わらないのは、暴力による問題解決も「あり」とする古くからの社会通念と不安定な社会情勢の中で、自己中心的な考え方が容認される影響と考えられる。

「相手が悪いから自分が暴力を振るっている」。冷静な状態であれば、誰もこのような身勝手な理屈を受け入れない。しかしながら、ＤＶ被害を長い間受け続けているうちに、被害者は「自分が悪いから相手を怒らせてしまった」と考えるようになっていく。長期にわたるＤＶは被害者の自信や自尊心を失わせ、正しい判断ができず自由に動けなくさせてしまう。これは被害者と加害者とが互いの関係に依存している「共依存」といわれ、ＤＶから抜け出しにくい理由ではないかと考えられている。

デートＤＶ

男女がともに互いの人格と人権を尊重する社会の実現を目指して、若い世代を対象に２００８年に県内で初めてデートＤＶの調査（※１）を行った。

調査の結果、全体の男性３割、女性４割に被害経験があることがわかった。また約５人にひとりの女性が、中学生の時にデートＤＶを体験している。加えて、中学生の時にＤＶの被害体験があった女性の被害内容は、「キスやセックスの強要」が８割強、「暴言を受けた」が約７割を占め、次に、「ものを投げる・殴る」、「過干渉」、「携帯電話チェック」の順になる。これは、中学校時代に遭遇するDVが、携帯電話のチェックなどにとどまらず、心身への影響が予想される深刻な暴力に曝される可能性の高さを示している。一方、男性の被害は、「携帯電話チェック」が一番多く、女性の場合と被害内容の順位は逆である。

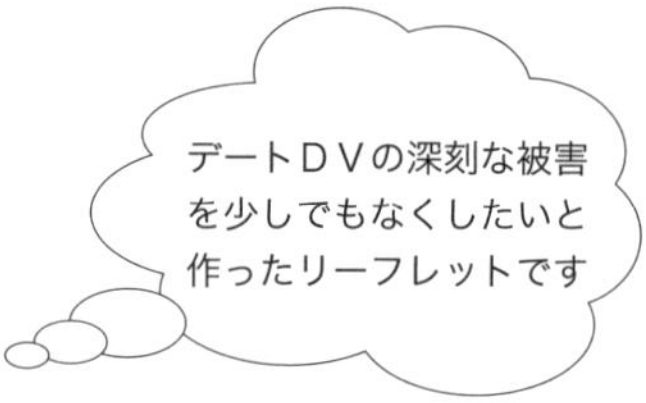

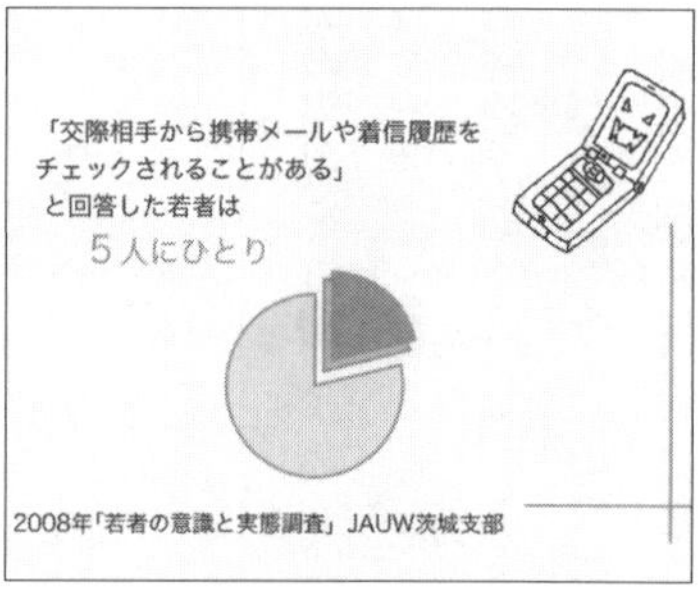

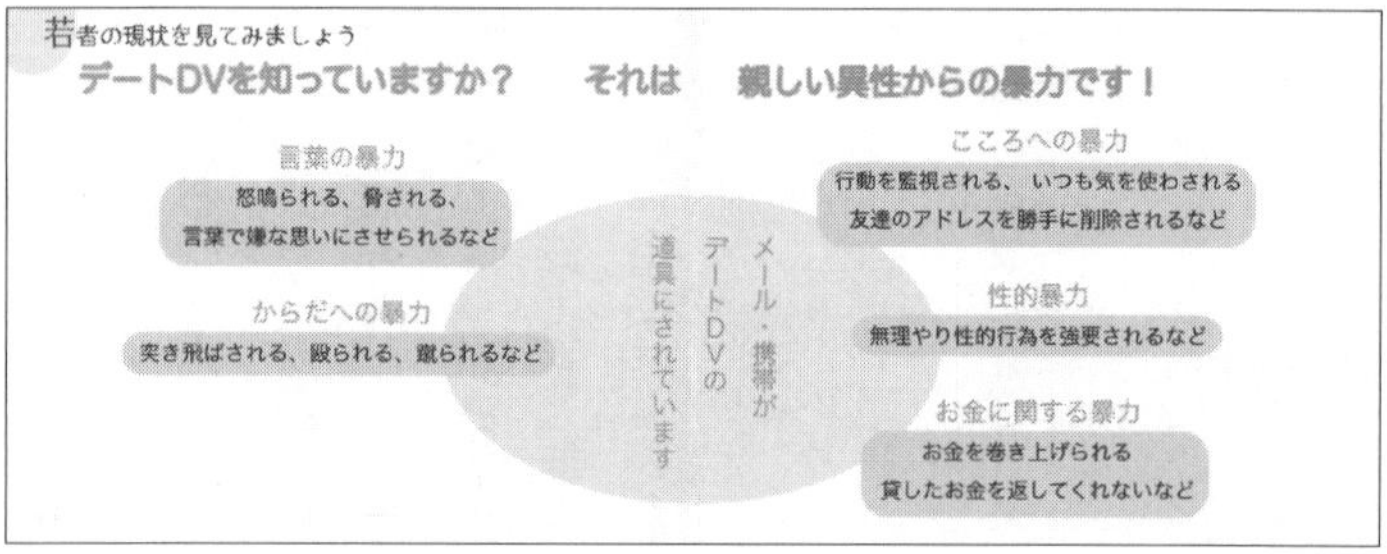

さらに、見聞きした経験者の中には、キスやセックスの強要についての話を聞いている者も多数存在する。しかしこのような深刻な状況は、友人間で話し合われているのみであり、大人に相談したり、相談機関を訪れたりすることはほとんどない現状が表れている。「出会い系サイト」や「有料サイト」の危険性を若年層に説く前に、男女交際に潜むＤＶの危険性を、親をも含めた幅広い年代に訴える必要がある。

２０１２年の調査（※２）では、ＤＶという言葉は浸透してきたが、ＤＶに対する認識が変わっていないことがわかった。ＤＶ神話といわれる、「愛情から暴力を振るうこともある」「暴力があっても付き合い続けるのは愛情があるから」「暴力を振われる側にも悪いところがある」を肯定する者が決して少なくないということも明らかになった。暴力も愛情表現のひとつであり、必要悪であるとする社会通念が残存し、その影響の強さがみてとれる。

ＤＶ防止のために

①　被害者の保護と支援　ＤＶを受けている人の相談にのる・安全を確保する・自立をサポートする、これらは被害者が自分の将来を考え自立して生活していくために必要である。

②　ＤＶの社会的認知をはかる　ＤＶが広く認知されれば、ＤＶ当事者がそれに気づかず男女間の喧嘩としてＤＶを隠してしまうことがなくなる。また、周りの人たちがＤＶの存在に気づ

くことができる。

③　加害者更生プログラムの実施と法制化　加害者に対して更生プログラムの義務化を実施することで、ＤＶを繰り返させない、起こさせないことになる。離婚後の面会交流で子どもの心理的負担の軽減にも繋がる。

④　ＤＶの予備軍であるデートＤＶの関係に陥らないような予防啓発が、中学高校の時点で必要であり重要である。

円卓会議での意見

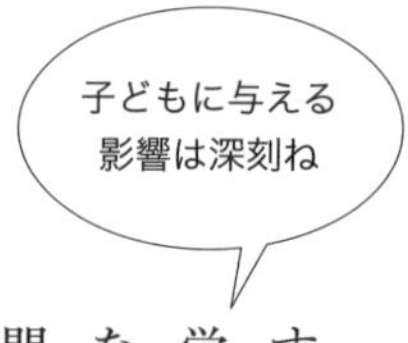

現在、ストレスは脳に悪い・脳を壊す、特に発達段階における脳に悪影響を及ぼすと考えられている。ＤＶを見て育った子どもの脳の中が破壊されていくことが科学的に証明されている。ＤＶを見た嫌な記憶で脳の容積や神経活動が変化し、様々な精神疾患を引き起こす場合もあるという。「貧困の連鎖」と同様に、「暴力の世代間連鎖」を引き起こすことにつながっている。

国連や米国務省から勧告や警告をされているにも関わらず、日本はいまだに「人身取引の撲滅の最低基準を十分に満たしてはいないが改善に努めている」というランクに分類されている。先進国の中でこのランクに分類されているのは日本だけである。フィリピンやタイ、インドネシア、中国、韓国などのアジア地域から連れてこられた人身取引被害者の目的（受入）・供給・通過国になっている。アジア人女性を金銭を介して妻にした日本人男性のＤＶ問題や、外国人研修・技能実習途中や終了生を狙った労働搾取現場での暴力が未だに後を絶たない。

「男性の買春は生理現象」と考えている男性が、暴力の経験がある男性で30％近く、暴力の経験なしの男性でも10％を超えている。今でも韓国・東南アジアへの買春旅行は存在しているようである。２０００年世界女性会議が開催された頃、アジア・アフリカの女性たちから「日本の妻たちは夫を買春旅行に送り出しているではないか」と敵視された。敵視される理由を知って日本国内だけでなく、世界へ目を向けなくてはいけないと改めて思った。

人身取引とＤＶ？

他の国の女性から敵視されてるの？

教育の場では、社会は平等であると正論を教えられる。しかし、社会に出るとそうではないと気付く。特に女性の場合は、現実と原則のはざまで自己統一を図っていくのが大変である。社会に出たら現実を直視して各自のライフデザインを考えたり、人間関係のリスクを伴う面についても考えることが必要である。学校教育の場で、生活人としてどう生きるかを考える時間を設けることが必要。

教育が必要!!

♥若い世代へ伝えたいメッセージ♥

○嫌なことにはＮＯと言える勇気をもとう

○性にとらわれず、こだわらず、自分らしさを大切に行動しよう

○互いに尊重し対等な人間関係を築くことのできる考え方を身に着けよう。

※１　２００８年度支部調査「若者の意識と実態」（県内大学生１１６７人）。

※２　２０１２年度支部調査「大学生の恋人との交際および男女平等意識に関する調査」（県内大学生４２１人）。

長谷川先生コメント

人類は独りでは存在できない哺乳類。だから、人間関係という名で多様な関わり合いを作り上げてきたし、最終的には、「社会という壮大な人間関係機構」を作り上げてきたのだと思う。この多様な関係は、決して「対等―平等」という内容で構成されているものばかりではない。「支配―従属」「上―下」「加害者―被害者」など実に様々なものを含んでいる。

人間関係の悪しき側面を是正しなければ、私たちの社会は個々人を幸せにはできないだろう。そこで発明（発見）された「幸せの武器」が人権という指標であり、思想であった。男女の関係においても、悪しき側面を是正するために、人権の指標や思想・行動が不可欠である。ただ、私たちはこの武器を手に入れてからまだ短い（フランス革命など）。

固定的性別分業意識は、私たちに「人権という思想」麻痺を強いることになる。改めて、私たちは人権の意味を問い直す必要性があるのかもしれない。

第5節　家庭科教育

国連は２０１５年９月「持続可能な開発のための２０３０アジェンダ」を採択し、17の持続可能な開発目標ＳＤＧｓ（※１）を掲げた。このＳＤＧｓに貫くキーワードは「誰も置き去りにしない」で、特に「ジェンダー平等を実現しよう」は重要な人権問題として、各国が真剣に取り組み始めている。若年層へのジェンダー平等教育は最重要課題と言える。

現在、学校教育の中で「社会」や「保健体育」といった教科に比して、「家庭科」が最も男女のあり方について取り上げやすい科目となっている。

そこで今一度、学校教育における男女平等教育について考えてみることとした。

家庭科教員への調査から

実際に高等学校の家庭科教員に行った調査（※２）によれば、家庭科の中で積極的に男女平等やジェンダー平等を扱う教員は少なく、むしろその扱い方に困惑しているという現状が浮かび上がる（表1、表2）。

さらに、私たちの調査（※３）によって、今後の日本社会を担う若者（高校生）の性別役割分

表1　実際に高校家庭科教員が実施している各単元の割合（家庭科教員36名から）

独立した単元名ではないが、本研究の目的から、「男女平等」についても尋ねた

青年期の自立	5.2%
家族・家庭	9.4%
子どもの発達と保育	11.8%
高齢期の生活・福祉	6.2%
生活の科学	20.0%
消費生活	9.3%
男女平等＊	4.1%
調理実習	17.4%
保育実習	2.8%
裁縫実習	11.5%
その他	2.1%

回答者36名それぞれを見てみると、「男女平等」を扱った授業の割合は4.1%。その内訳は、最高10%、最低0%であり、
中でも36名中8名の家庭科教員が「男女平等は扱っていない」と回答。

表2　授業で男女平等を扱うことについての考え

1	積極的に扱う教員の考え
・男女平等教育は高校においては家庭科が大きな役を担っている。 ・全項目を通して男女平等を教えている。	
2	扱うことに困難感を示す教員の考え
・資料を見つけることや生徒に合った教科研究をすることに難しさを感じている。 ・どの分野でどう取り上げると良いのか、悩む。 ・「いつ、どこで、どんな形で」の体系化がなく、個人によるところが大きすぎる。	
3	扱うことに消極的な教員の考え
・すべてが男女平等であるというより、男らしさ、女らしさを大切にしながら自分らしく、と教えていきたい。 ・男子は、男女平等の意識が自然と身についている生徒が多いと思う。「教える」という行為で負の力が働くこともあると思う。 ・自分の中にジェンダーがあるので、男女平等を教えようという心構えに欠ける。 ・男女平等よりも、「人間としていかに生きるか」を考えさせることの方が重要。 ・生徒たちに男女による差をほとんど感じない。何を教育したら良いのか分からない。	

担意識は、これまでの世代と大きく違わないという現実も明らかとなった。

茨城県高校生の家庭科に関する調査から

高校生は家庭科についてどのように考えているのだろうか。

家庭科男女共修から約20年を経た生徒達へのアンケート結果（117ページ、※2）では、「調理実習」は男女ともに興味をもつ者が多かった。また、「家族・家庭」「子どもの発達や育児」への興味は男女差がみられ、男子の興味が薄い。

「男女平等」について興味を持つ者は、他の項目より多くはないが、特に男子がわずかながらも女子を上回ったことに注目したい。

円卓会議でのさまざまな意見

◇前述の調査をみると、家庭科でジェンダーを扱っていない教科書を使用している学校が多かった。また、家庭科の授業内容は先生の意識によってかなりの差があるようだ。

◇現場の家庭科教員の多くがジェンダーについて大学で学んでいない。

◇男女平等については時代の背景や立場によってさまざまな考え方があり、学校の授業の中で扱う場合には、保護者の理解を得ることが難しい。

調理実習への興味（女：494 人、男：547 人）

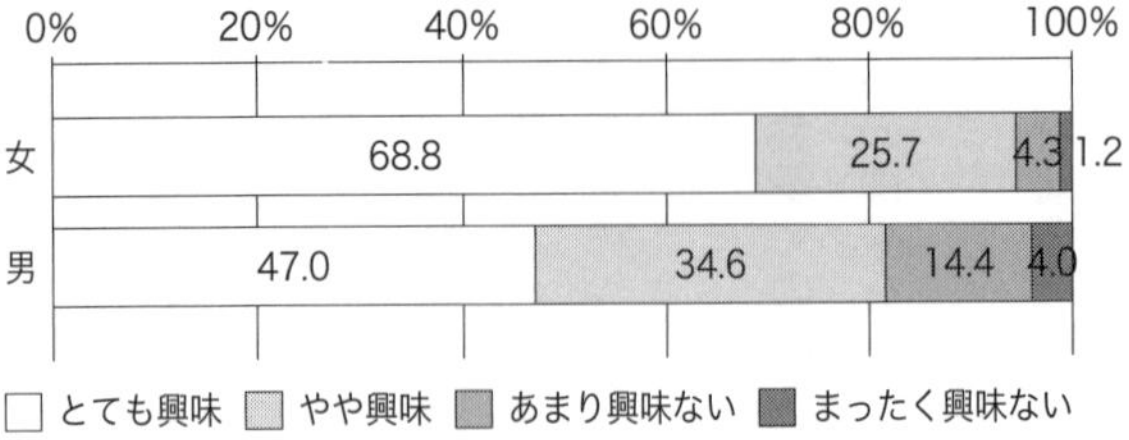

家族・家庭への興味（女：535 人、男：580 人）

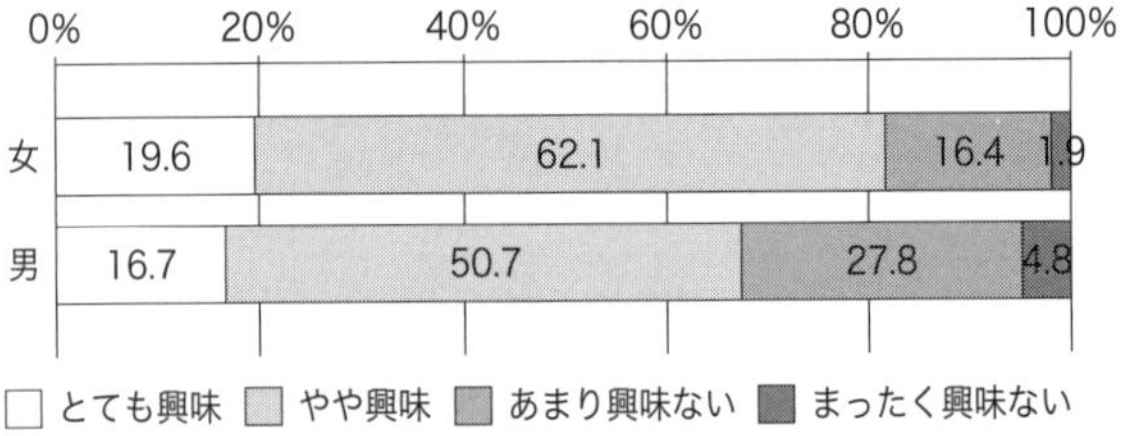

子どもの発達や育児への興味（女：446 人、男：525 人）

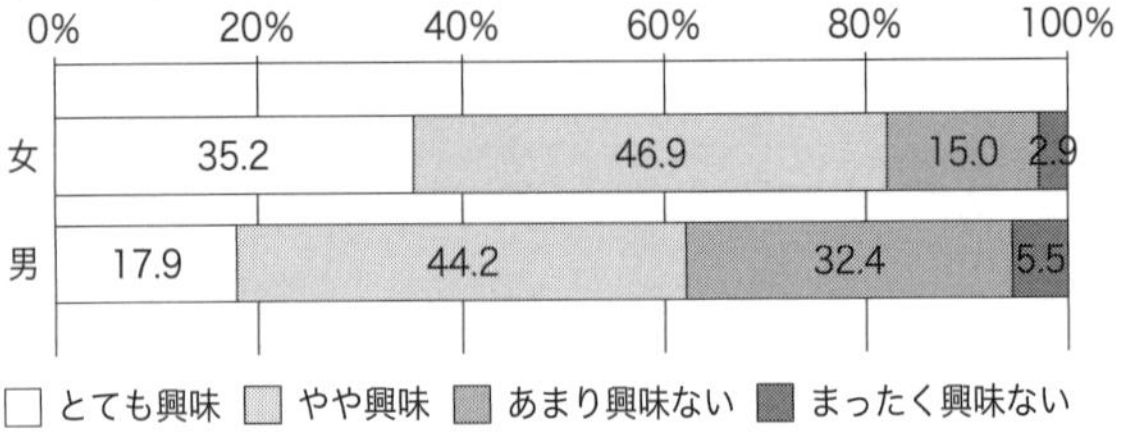

男女平等への興味（女：454 人、男：529 人）

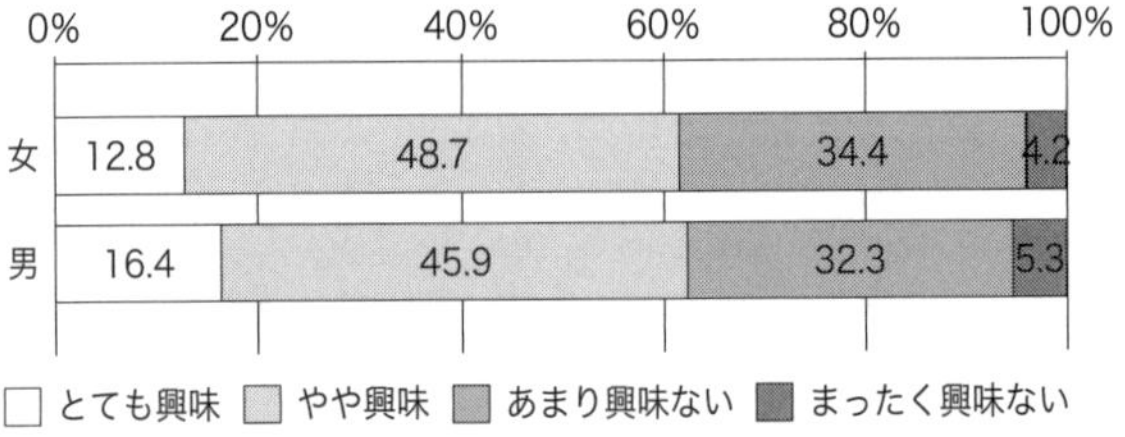

◇調理実習は生徒に人気の単元だからこそ、それを通してジェンダー教育もできるはず。将来家庭をもった時に家族誰もが調理できることを視野に入れた工夫がほしい。若者の将来のワークライフバランスにとても重要な教科になると思う。

◇「育メン」といっても、「まだまだ表面的だ」という意見もある。子どもが機嫌のいい時だけ抱っこして、実際にぐずったり、オムツを取り替える必要がある場面では、妻を呼んでバトンタッチする「にわかイクメン」も多いと言われている。

◇家庭経営や消費者市民教育についても学ぶ必要がある。

◇家庭科教育は人間の基本的な課題であり、生活人として自立し、ライフデザインなどを学ぶ大切な総合学習である。

♥若い世代に伝えたいメッセージ♥

家庭科に注目しよう！

○家庭科は男女ともに生活力をつける学びの場

○家庭科は今後生活の中で必要となる「発想力・思考力・問題解決力」などを培う場

※１　ＳＤＧｓ（SUSTAINABLE DEVELOPMENT GOALS）とは、２０３０年に向け世界を変えるために合意した17の「持続可能な開発目標」。

※2　平成27年6月　中島美那子「ジェンダー平等の視点からの家庭科教育（1）―家庭科教員への調査から―」日本家政学会第67回大会発表要旨集。
※3　平成26年3月　大学女性協会茨城支部「地域でともに生きるには　―高等学校家庭科における男女平等教育の現状と課題―」。

長谷川先生コメント

学校で学ぶ教科の中で最も総合的な科学だと思える教科が家庭科ではないだろうか。しかし、受験科目になっていない場合が多く、授業時間数さえ減らされていく傾向にある。

日々の暮らしが、最も近い場面で科学化される（生活の科学化）ために、男女相互の関わり合いも極めて高い。戦後の教育改革の中でも、大きな変化があった教科であり、戦後民主主義の重要な柱ではないだろうか。

第6節　女性と働き方

本格的な人口減少や科学技術の進歩など激変する社会にあって、人生１００年時代、結婚という永久就職は果たして安泰と言えるのだろうか。経済的に安定したパートナーと結婚したとしても、リストラ・ＤＶ・離別・死別等々に遭遇すれば、経済的困窮に陥る女性も少なくない。女性の経済的自立ができるような、多様な働き方が求められる。

女性の仕事の歴史的変遷

戦前、農村や商家では女性も大切な働き手であり、重要な地位を持っていた。戦後の高度経済成長期になって、「男は仕事、女は家庭」と男女の役割分担が固定化し、男性中心の働き方を支える役割として家事・育児・介護等に専業する女性が大半を占めた。給与所得者が増え、男性の補助的役割として配偶者控除制度などの優遇制度により、アルバイトや非正規・非常勤等の働き方を余儀なくされた。「男女雇用機会均等法」成立後は、総合職を選び男性と同じ立場で仕事をした女性も輩出したが、その実態は男性を超える働き方が求められ、結婚や出産を断念した女性も少なくなかった。

M字型就労問題

「M字型就労」とは、女性の労働力率をグラフに表すとM字型カーブを描く働き方。結婚・出産に当たる年代に一旦低下し、育児が落ち着いた時期に再び上昇する。

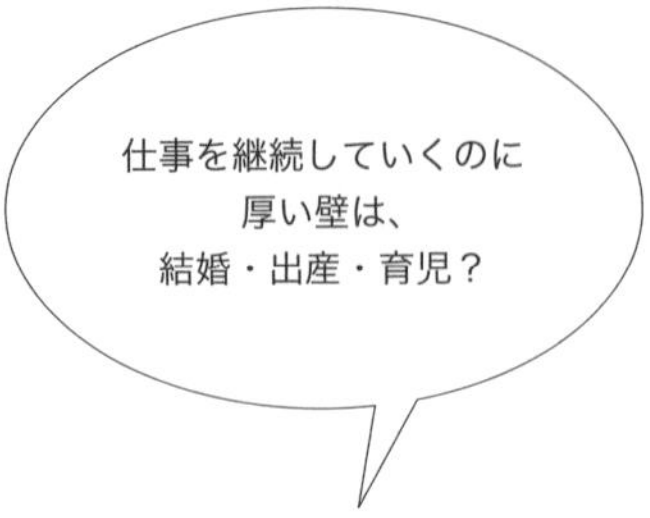
仕事を継続していくのに
厚い壁は、
結婚・出産・育児？

結婚・出産・育児で一時的に仕事から離れるM字型と言われる就労は、多少の改善は見られるものの、今も昔も余り変わらず、先進国中でM字型就労があるのは、韓国と日本だけである。男性に比べて女性の働き方は、ライフステージによって左右されやすい。家事負担は女性がするものという固定的性別役割分担意識は根強い。手伝い程度の家事を男性も担うようになったが、女性が長く働き続けるためには、家事・育児に積極的に関わる男性の意識改革も必要だ。また、長時間労働時間の短縮など働き方改革を推進し、家事・育児を分担する男性を評価する企業側の意識改革が求められる。

また、女性は、地方に希望の職種がなく仕事を都会に求め、地元を離れる傾向にあるが、都会の働き方の方が長時間労働、遠距離通勤で育児中の就労率は低いという現状があることを認識することも大切だ。

一方、茨城県においては、親との近住率も高く、特に郡部の方がM字型カーブの落ち込みは低い。働きやすい地方において女性が就労できる仕事の創設と環境づくりの必要があるのではないか。

また水戸市における女性の労働力率をみると、結婚を機に仕事を辞めている女性が多いことがわかった。

日本の女性の労働力率は20歳代後半から落ち込んでおり、M字型カーブを形作っています。また、第1子出産を機に約6割の人が仕事を辞めています。

水戸市の女性の労働力率も同様に、M字型カーブを形作っています。また、結婚している女性〈有配偶者のみ〉の労働力率をみると、全体と比較して20〜30歳

女性の労働力率［2010（平成22）年］

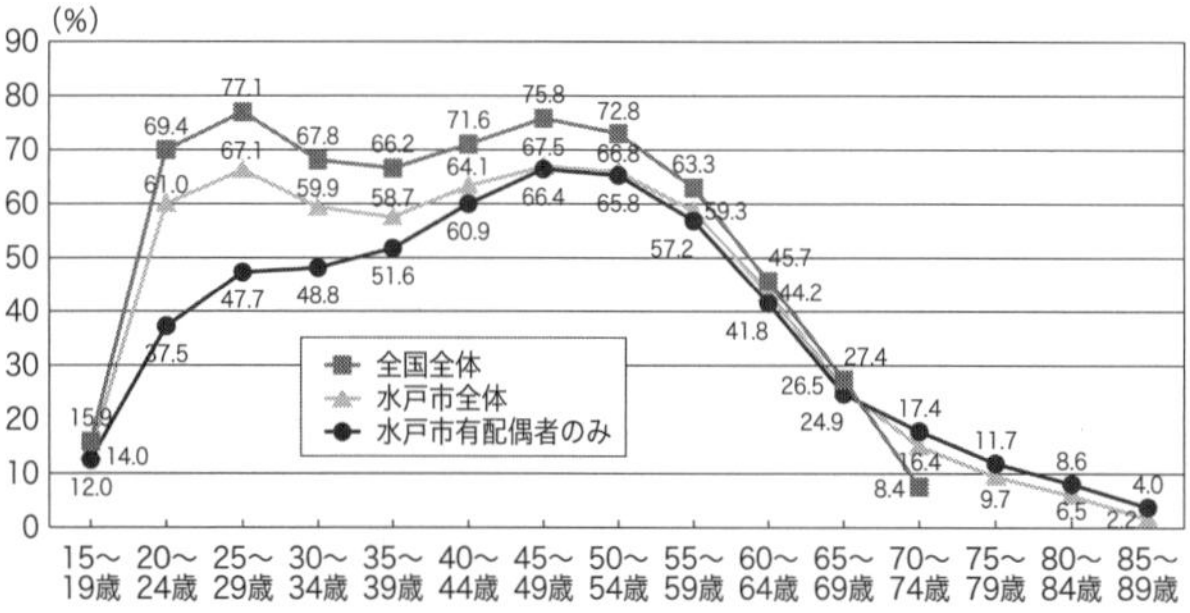

（原資料）平成22年国勢調査／総務省「労働調査」。
（出所）「水戸市女性活躍推進ガイドブック 企業・事業所編」平成28年より）。

> 日本の女性の労働力率は20歳代後半から落ち込んでおり、M字型曲線を形作っています。また、第1子出産を機に約6割の人が仕事を辞めています。
>
> 水戸市の女性の労働力率も同様に、M字型曲線を形作っています。また、結婚している女性〈有配偶者のみ〉の労働力率をみると、全体と比較して20～30歳の落ち込みが大きいことから、結婚後仕事を辞めている女性が多いことがわかります。（上図）
>
> ＊「水戸市女性活躍推進ガイドブック」より抜粋。

の落ち込みが大きいことから、結婚後仕事を辞めている女性が多いことがわかります。（前図）

アンペイド・ワーク（無報酬労働）

家庭を支えている主婦の仕事は、経済的にも社会的に評価されず、無報酬の不安定な職業とも言える。家族の健康管理や家庭経営を担い子育てという教育も担い、親や夫の介護まで担う24時間、365日休みのないアンペイド・ワークだ。この主婦の家事・育児・介護を全て外注に委託したら、400万円程度の報酬でも賄えない。こうした現状が、女性の仕事として定着している介護士・保育士の年収の低さにもつながっている。

若い女性の中には、介護や保育など低い賃金の仕事に従事するより、無報酬であっても高収入の男性と結婚し、家事・育児に専従できる家庭生活へのあこがれもみられる。

起業の提案

厚生労働省は、起業女性への助成として「生涯現役起業支援助成金制度」を2016年4月から始めた。ロールモデルが少なく情報も行き渡らないが、少しずつ趣味や特技、ITなどを活かして起業する女性も出てきている。

東日本大震災に遭遇した東北では、震災後の女性の仕事として、編み物が得意な女性たちを雇用し、中・高年女性の経済的自立を図った例もある。本当の復興は「人の暮らしが戻ること」であるとして、手編みの商品の企画・製造・販売を始めた。「仕事がないのは自尊心を奪われるのと同じだ」と言っている。

本県でも、女性たちが自分の経験や得意分野を生かして起業する女性も少しずつでてきている。また、子連れ出勤で授乳期にも働けるような起業のケースもある。農業生産高全国２位を誇る本県として、特産品を扱うような起業もできるのではないだろうか？

自由度の高い人生へのキャリア形成

現在の学校教育では何が好きで何に興味があるかを問い、それに合わせて仕事を選択するように勧められる。それは理想論だが、社会に出た時に厳しい現実に直面し、離職率が高くなっている。個性の尊重や自己実現は大人でも難しい問題だ。そのため早い段階で、多様なロールモデル（成功例・失敗例）を示して、自分の生き方を見つける教育が必要ではないか。また、いろいろな壁を乗り越える力（気力・体力・知識・技能・資格など）を身につけ、自分の価値を高める努力も必要である。そのことで人生の自由度は高くなり快適になる。

医師や弁護士はもちろん、国家資格を取って関わる職種の仕事は、例え転居したとしても、その地域の関係業界団体に登録することによって仕事の継続が可能だ。様々なライフステージにも対応できる仕事として、女性にとっても国家資格などの資格取得による就労は経済的自立に有効だ。

これまでは、看護師や保育士、歯科衛生士などが女性に適しているとして、資格取得が進められてきているが、仕事に対する待遇には大きな課題が残る。進路相談の中でさまざまな国家資格に目を向けさせる機会を用意したいものだ。将来を見据えて、自分の価値を上げる方法を、遅くとも高校生の時から考えてほしい。

ライフワークバランスを

現在、働き方改革が進められているが、仕事と生活の調和をどうするかが、大きな課題である。ワークライフバランスということばが一般的だが、ここでは敢えて一人ひとりの生活に視点をおき、ライフワークバランスとして考えていきたい。仕事上の責任を果たすとともに、家庭や地域生活などにおいても、子育て期、中高年期といった人生の各段階に応じて多様な生き方が選択・実現できる社会の構築が、日本では急がれている。現在の社会システムを変えるのには時間が相当かかりそうであるが、柔軟な働き方のできる環境を作らなければ、企業も良い人材を確保できないと考えていく時がきていると思う。

特に、最近話題となっているダブルケアは、女性が働き続ける上で大きな負担となっている。

これは、女性の晩婚化によって、子育てと介護を同時に行わなければならない状態をいうが、男性に比べて女性の就業への影響は大きいとの調査結果（※1）が出ている。この調査によれば、業務量を減らしたり無職になった人は、女性は男性の約2倍以上になっている。こうしたライフステージの変化もサポートできる働きかた改革が進められていかなければ、結果として企業も人材を失っていくことにもなるのではないだろうか？

★海外の事情①―オーストラリアでは
―個人の生き方やライフステージに応じた働き方が可能―

労働者構成は、男性も女性もほぼ同じ半数である。ＣＥＯ（最高経営責任者）の6人に1人が女性である。雇用を複数人で分け合うジョブシェア制度が整っており、週3日や4日勤務などの短時間勤務が可能となっている。この働き方はパートタイムと呼ばれているが、日本と違って、正社員扱いであり、賃金や社会保障などの差別はない。多くの女性がこのパートタイムの働き方を選び、育児と仕事を両立させている。また、フレックスタイム制が大企業の約9割で、小規模企業の約半数で導入されている。

先進的な事例として、労働者に個別面談を実施し、出勤時間や退勤時間の希望を聞き、働き方を決定している企業もあるという。個人のライフステージに応じた働き方を選べるようにした企業が、良い人材を確保でき、離職率も低くなり、最終的にメリットを得ているようだ。

★海外の事情②―アイスランドでは
―女性が自立して生きるために―

総合指数ランキングが1位のアイスランドは、どのようにして男女の格差をなくしていったのか。1975年10月24日、女性たちが職場・家庭で一斉にストライキを行い女性の力が社会に不可欠だと証明した。その後、複数政党がクオータ制を採用し、女性議員が増えた。その後、企業でもクオータ制が法制化され、女性役員の比率は半数にのぼる。それでも、男女間の所得格差はあり、2016年10月24日、女性たちが午後2時38分に一斉退社。毎日この時刻以降は「ただ働き」させられていることへの抗議を行った。アイスランドの女性の行動力は、自らの手で自らの権利を手に入れたことを物語っている。日本では想像もできない行動力であり、現実的に同じ行動はとれない。しかし、一人ひとりが、今生きている場で自分の存在の価値を大切にする行動をしていくことで、生活に満足感のある人生を送れるのではないだろうか。

★日本の事情
―ライフステージでの働き方が難しい―

男性に比べると若年層でも非正規雇用が多い上に、結婚・出産期にさしかかると更にその傾向が増える。正規と非正規雇用には、同じ労働であっても賃金格差は大きい。同一価値労働同一賃金が求められている。また、ライフを大事にする働き方ができるフレックス制を導入している企業は、平成24年調査で、1000人以上の企業では約4割あるが、100人未満の企業ではわずかに3％に過ぎない。また、女性管理者を増やす目標を2020年までに30％を目標としているが、2016年のデーターによると管理職は約7％にも満たない。社員として働きながら管理職を希望しない女性が8割以上おり、その理由の一つとして家庭と仕事の両立の難しさをあげている。

日本の共稼ぎ夫婦の家事労働行動を実証分析によってまとめた本（※2）がある。働く妻のジェンダー行動規範をジェンダー・ディスプレイ仮説として検証したもので、我が国の共稼ぎ夫婦の家事労働時間分担行動におけるジェンダー・ディスプレイを理論的にかつ実証的に明らかにした本である。日本社会には共稼ぎ夫婦に対して「夫（妻）は働くべきである（働くべきではない）」というジェンダー行動規範が存在するとして、政府に対して、ジェンダー行動規範を撤廃するべきと結論づけている。

女性活躍推進や働きかた改革が政策として推進される中にあって、抜本的にはジェンダー意識の変革が最重要課題だということであろう。我が国では、女性が自立して生きていくためには、まだまだ厳しい現状があることがわかる。

※1　平成28年内閣府「育児と介護のダブルケアの実態に関する調査」。
※2　安藤潤氏の「アイデンティティ経済学と共稼ぎ夫婦の家事労働行動—理論、実証、政策—」（文眞堂）。

円卓会議でのさまざまな意見

◇多様性が求められる変化の激しい時代を生きる若者には、単に大卒という肩書に頼るだけではなく、国家資格を取得するなど将来を見通して経済的自立に向け時間と費用の計画を立てる必要もあるのではないか。

◇資格を取って起業したとして仕事はあるのか？　異業種間の人間関係を作る能力やコミュニケーション能力がないと資格を取っても生かされないこともある。

◇自制心や忍耐力等といった非認知能力が、将来の収入に大きく影響すると、シカゴ大学のジェームズ・ヘッグマン教授の研究も出ている。知識や技術、才能を発揮していくためには、人と協調し社会の中で生きていける能力が、必須条件とも言えるのではなかろうか？

◇女性活躍が叫ばれる中で本来の女性の真価が果たされるためには、これまでの男性中心の働き方にとらわれない女性の働き方の新しいロールモデルを創り上げていく必要がある。

♥若い世代へ伝えたいメッセージ♥

○若者はまず「生き方」を選び、ライフステージを見据えた働き方をしよう。
○知識・技能・資格を身につけ、人生の自由度を高めよう。
○人生設計が揺らいでも、揺らがない自己を確立しよう。
○「ライフ」の中に「ワーク」があることを忘れずに…。

長谷川先生コメント

「自助―互助・共助―公助」という枠組みの中で地域福祉の課題解決手法が整理される場合が多い。しかし、「お一人様」論の上野千鶴子氏は、この自助のまやかしを鋭く問うている。自助とは、生活課題を自分で解決するのではなく、家族という装置に放り投げただけだという趣旨だと思う。家事労働に含まれる自助は誰によって担われてきたのかは自明のことである。家事分担は古くて新しい問題ではないだろうか。

女性の働き方を問うということは、間違いなく男性の働き方を問うということである。そして、社会という装置の中で、幸せの形を問うということなのではないだろうか。「ワークとライフ」を並べて、天秤のようにワークライフバランスと表現することはおかしくないのだろうか。ワークだってライフの一局面ではないのか。幸せは天秤ではなく、ベン図のようにあるのでは…。

第7節　地域活動

地域力を伸ばすためには地域活動が大切である。最近は若い人の参加が少なく、このままでは活動の継続が危ぶまれる。活動を引き継いでいく人を育てることが大切だ。また、その機会や場所の確保、経費の負担などの問題を抱えている。今後は、若者の参画も視野に入れさまざまな活動の活性化に向けての方策を検討したい。

若者の力を！

人々の暮らしを守り、安全で安心できる住みやすい地域を誰もが願っている。災害などの危機に際し、日頃からの地域のネットワークづくりは欠かせない。社会に貢献する多くの活動は特殊な技術を必要としないが、技術を学んで障害のある人を支援する活動もある。

これらの活動に若者の力が期待される。

私たちの中には、こんな活動をしている人もいます

・日本赤十字社が運営する乳児院でのボランティア活動。何らかの事情により家庭で養育できない３歳までの乳幼児を世話している。
・生活困窮者世帯の学習支援とこども食堂。中学生を対象に、子どもたちへの学びの場と温かいご飯を提供している。
・市が開催する朗読講座の受講生で構成されるボランティア活動。視覚障害のある方々に、毎月１回「声の便り」をテープに吹き込んで送り続けている。
・社協で開かれた傾聴講座から生まれた傾聴ボランティア活動。若い世代のメンバーも加わり、高齢者施設や個人宅などを訪問し傾聴を続けている。
・町での男女共同参画社会を目指す活動。先進的な活動を記録したビデオの作成、町の広報誌に連載した一言啓発の漫画づくり、寸劇の上演とその後の交流など。
・男女共同参画講座受講生などから始まった活動。自分たちで学ぶだけでなく、川柳を使ってワークライフバランスを考えるなどの啓発活動をしている。
・大洗サンビーチは「だれもが楽しめる海」を目指した全国初のユニバーサルビーチ。大学生とともに学習会やユニバーサルスポーツを楽しむイベントを開催している。
・美術館や図書館でのボランティア活動。
・消費者市民社会を形成のために、考え行動する活動。

・DV被害に悩む女性と子どもを支援する活動。
・学生の地域活動を支援する活動。キャリア形成の一環として、ロールモデルやキーパーソンに出会う契機を提供する。学生が地域を支える「ひとり」として実感できるよう支援している。

活動を続けるには！

活動を理解してもらうには雰囲気づくりが大切で、会話、特に褒め言葉が大事。日本人は褒めることが苦手だが、褒め言葉は周囲の緊張を緩める。

①　テーマの選択…その地域のニーズは何か。どんな要望を持っているか。
②　対象者への配慮…対象者はどんな人々か。性別や年齢など。
③　伝え方の選択…目標達成のため、どんな方法が適しているか。コースデザインやスキルなどを選択する。
④　リーダーシップ…誰もが活動の意義を見出し、充実感や達成感を味わえる工夫をする。後継者の育成を目指した気配りをし、任せたら口をださない。
⑤　行政との連携…必要に応じて他の機関などと連携をし、多くの市民に働きかける。行政との協働も視野に入れ、どこにどのように働きかけ対応を求めるか考える。

円卓会議での意見

私たちは多岐に及ぶ調査をし、県内で初めてデートＤＶの調査も行った。これらの調査報告は、デートＤＶのリーフレットをつくるといった地域活動を企画するとき役立った。多くの人に納得してもらうためには、科学的な裏付けは大事な要素となり、意識改革を促しながら生活を変え、周囲を啓蒙する役割を担っている。

女性団体の
活動は大切！

結果が目に見えない、何年やっても成果が上がっているとは思えない、といった問題があるが、参加すれば楽しい、やりがいがある、満足感がある活動。でも、外から見ていると曖昧模糊としていてわかりにくい。これからも活動を続けるためには、活動の内容や意義を見直し次世代に手渡ししていかなければならない。

地域活動は
わかりにくい？

阪神・淡路大震災の時、地震の後に救出された約3万5千人のうち8割近くの人が近隣の住民に助けられたとされている。今「隣は何をする人ぞ」の感があるのは大都会だけではない。どこの町・市でも「地域力」が衰えてきている。大きな災害が日本各地で起きている今である。「地域力」が試されるのは災害が起きた時ではないか。命を守るための活動をするためには、ノウ・ハウの蓄積と緩やかな組織力が欠かせない。プライバシーの問題を軽く扱ってはいけないが、お互い助け合う地域の力を

安全で安心な
住みやすい地域を
つくりたいですね

つけていきたいものである。若い世代にわかって欲しいのは、インターネット等で情報を得ることはできるが、自立するためには他人と繋がる必要があるということ。

♥若い世代へ伝えたいメッセージ♥

○自分の人生を豊かにし、活力ある地域づくりのために動き出そう！

長谷川先生コメント

一般的に地域活動には、目的別団体活動（アソシエーション）と地域社会活動（コミュニティ）の２つに分別されている。しかし、目的別団体の多様な専門的活動は地域社会活動に具体的に生かされているのだろうか。

多くの事例や調査は、団体活動の中心が女性であることを示している。しかし、町内会や自治会、常会などの活動の主力は男性ではないのか。しかも、定年後の男性である。この断層は、私たちに重要な課題を提示しているようには思えないだろうか。

PTA 活動から、多くの女性は社会活動に参加してくるという。仲間（組織）で社会に参加する入口がPTA ということだ。しかし、ほかの団体と同様、後継者がなかなか生み出されてこないようだ。世代の断絶は実は文化の断絶（ジェネレーションギャップ）なのかもしれない。

世代も活動内容も、男も女もどうしたらつながれるのかという文化的課題に直面しているのだと思う。

たとえば、地域社会活動の例として、町内会・自治会活動を考えてみよう。若い世代の加入率が激減しているが「手渡し方」に一工夫必要なのではないだろうか。その機能を伝えるのに「幸せネットワーク保険」という名称を伝えられれば…。生命保険は死後の保障だが、町内会は生きている間の保険だし、お金ではなく「人と人のつながり」が保障内容で、おまけに掛け金は安く、割く労力は少しですむと言う訳だ。

未来へ

茨城という「地域」で私たちが重ねてきた活動の集積が『ＹＯＲＯＩを脱いで』になった。私たちから、より先の「未来」を創る若者たちに、経験から感じてきたことを伝えたい。

これからのことをイメージしてみよう。

男女問わずそれぞれのライフステージには様々な課題が表れる。転んだっていいし、男性だって泣きたい時に泣けばいい。

特に女性には「壁」が多いと言われている。壁を壁ととらえるのではなくハードルと感じられたら素敵だ。助走をつけて体を低くして足をすっと前に伸ばして飛び越える。少しかすったり、揺れたりもする。引っ掛けて倒したって気にしない。

幸せの尺度は千差万別、それぞれの「幸せ」のカタチがある。

傍から見たら「今の若い人はなにやってるのかしら」と危なっかしく見えても、本人にとっては他の選択をしなかったからだけだ。未来を託す人を育てる大人は、多様な物差しを持ちたい。親であれば、子どもが信じる選択を肯定してあげたい。

人を育てるのは難しい。育児書も変遷している。職場や地域での活動も然り。リーダーシップの定義も変わってきた。それぞれが主役になれるように配慮できるのが優れたリーダーだともいう。男性の視点だけで築いてきた社会のまま、声が大きい人がイニシアティブをとるという時代は終わろうとしている。

私たち大人も一人の人として改めて学びや育ちについて考えてみる。当たり前を当たり前にしない、若者と一緒にスキップできるくらいのセンスを維持したい。

もう、ＹＯＲＯＩはいらない。

性を超えた個性をまとって前に進む。

私たちの未来は変えることができるのだから。

よりよく変わる未来のために。

第Ⅳ章　「教育（共育）の力」を信じて・・・

ＪＡＵＷと教育

１９５０年代後半（昭和30年前後）は４年制大学進学率は男性13％強、女性２・４％程度だった（※１）。そのような時代から大学進学を果たし、戦後ＪＡＵＷ（大学女性協会・当時は大学婦人協会）を発足した先輩方自身の高等教育にかける情熱はひとしおであったが、その一方で、若者への教育支援にも熱心であった。ＪＡＵＷ発足２年後の１９４８（昭和23）年には、国内奨学金制度を開始し、若者、特に女子学生への教育支援にいち早く取り組んだ。そして、同年に私たち茨城支部が設立された。

茨城支部でも、１９８２年の「青少年問題」に始まり、「家庭科教育」、「生涯教育」などの調査研究に着手し、さらには「開発教育」、「環境教育」などのグローバルな視点でも取り組んできた。

２０００年からは特に若者の意識調査を中心に、男女平等教育に着目。２００４年からは調査研究の成果を「地域でともに生きるには」のテーマで出前講座を展開してきた。２０１３年に「高等学校家庭科における男女平等教育の現状と課題」について、１０００人以上の高校生を対象に調査研究をまとめ、茨城県教育長に提言書を提出した。さらに、大学生へのワークライフバランスに関する出前講座を実施した。その内容については本書第Ⅱ章に示している。

なぜ私たちＪＡＵＷは、これほどまでに「教育」に重きをおいてきたのだろうか。

教育にかける思い

私たちは、教育には社会をより良い方向へ導く力があると信じている。もちろんこれまでの歴史を顧みれば、教育が若者の命を奪う強力な装置となってしまったことも事実であり、教育のもつ力が計り知れないことは、戦争という形で証明されてしまっている。しかし、教育によって社会はより良い方向へ動くのもまた自明のことだろう。選挙権が18歳以上となり、今後は民主主義における主権者教育が、より重要性を増してきている。

私たちが営む家庭や地域のあり方は大きく変化し続けている。特に子どもが育つ環境では、多くの場合、親以外の大人と密に関わることも、さまざまな価値観に触れることもほとんどないといってもいいだろう。ＩＴ機器の進歩によって世界をバーチャルに体験でき、さまざまな情報に触れることができるようになった今だからこそ、実生活での体験は大きな影響力をもつ。

私たちは人生における多様な選択がより可能となった。答は一つではない、他にも答はあるのではないかと考える方向での教育が進むようにもなった。若者が多様な選択肢があることを知り、自分にとってより良い人生をつかみ取るためには、さまざまな価値観に触れ、自ら考えることが必要である。

特に近年私たちが実施してきた調査研究から、若者の中には男女のあり方に対する意識に保守的な傾向があることがわかった（※2）。あわせてこれらについて学び考える場を持ちにくい現状が浮き彫りになったことから、若者にとって多様な男女のあり方について知る場が必要であることが示された。

このような背景から、私たちはさらに教育を重視するに至っている。若者が多くの価値観に触れる機会のない現代において、良質な「仕掛け」としての教育、学び考える場を増やすことが大切だ。

※1　武庫川女子大学教育研究所（http://www.mukogawa-u.ac.jp/~kyoken/jyoshidai.html）。
※2　支部2008年度「若者の意識と実態」調査（県内高校生1167人）。

地域とともに

ここ数年の間、私たちは調査研究から浮かび上がった教育的課題の改善に向けて、地域で男女共同参画を推進する出前講座を開くなどの啓発活動を行なっている。

今後も、教育（共育）の手法を用いて、環境や福祉、貧困などの「格差」に目を向けていきたい。そして、一人ひとりがもてる力を発揮し、ともに支えあう地域をめざしたい。若い人たちにとって、ひいては各世代すべての人々にとってより良い社会となるよう、私たちはこれからも「教育の力」を信じ、地域とともに歩んでいきたい。

支部の調査研究活動のあゆみ

☆2000年度「教育の視点からみた男女平等」
大学生のジェンダー意識や親の育て方などの実態について調査

☆2001年度「男女平等教育―その実践に向けて」
男女平等教育リーフレット 家庭編・学校編を発行

☆2002年度「ICT社会と女性―その光と影」
ICTが生活にあたえる影響とその利活用を探った

☆2003年度「情報リテラシーのエンパワーメントとICT化による優しさの実現」
ICT化による「優しい社会」の実現への取り組みを探った

☆2004年度「地域でともに生きるには―男女共同参画推進の実践」
生活の場での男女共同参画を推進するために出前講座を開始

☆2005年度「地域でともに生きるには―男女共同参画出前講座」
男女平等について考える場の提供、講座形態を工夫し継続実施

☆2006年度「地域でともに生きるには―多様な生き方への模索」
男性育児休暇取得者とシンポジウム開催、仕事と生活の調和を模索

☆2007年度「地域における現状と課題―教育とジェンダー―」
男女共同参画の現状を模索、出前講座の4年間をまとめる

☆2008年度「地域でともに生きるには―若者の意識と実態2008―」
若者の意識と、デートDVの実態調査、若者向けリーフレット発行

☆2009年度「地域でともに生きるには―若者の意識II―」
保護者（教師）向けデートDV予防啓発用小冊子発行

☆2010年度「地域でともに生きるには―若者への啓発の実践とその課題―」
保護者および中学生などを対象に出前講座を実施

☆2011年度「地域でともに生きるには―『思い』が伝わる情報発信―」
情報リテラシーの研修を行い、企画力や発信力を身につける

☆2012年度・2013年度「地域でともに生きるには―高等学校家庭科における男女平等教育の現状と課題―」
高等学校での男女平等教育の実態について支部調査および全国調査

☆2014年度「地域でともに生きるには―地域における男女平等教育の実践と対話―」
大学生の男女平等意識及び恋人との交際における意識を調査する

☆2015年度「地域との対話―ワークライフバランスを考える―」
大学で出前講座を実施、学びの場を共有し、若者との対話を試みる

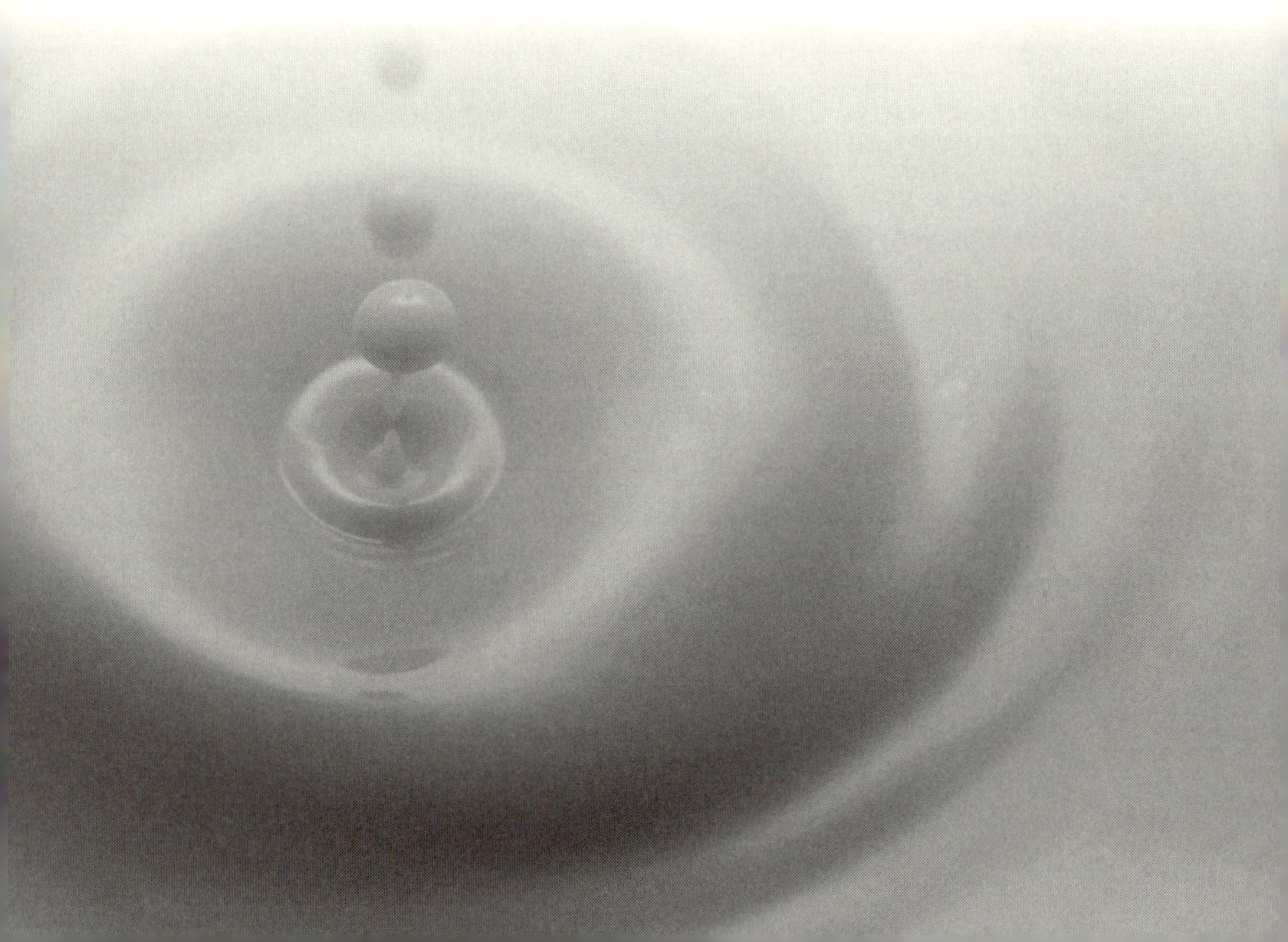

おわりに

新しい「衣」をまとって・・・

ひとときの豊かさはいつしかバブルと消えて
「あたり前」って何だったのだろう
男と女、持てる者と持たざる者
その格差の傷口はますますます深く
ますます重い「ＹＯＲＯＩ」をまとい
負の連鎖は世代を超え
「どうせ無理」若者のつぶやきが聞こえるようだ
今　窓をあけ　自ら縛る「ＹＯＲＯＩ」を脱ぎ
自分らしく生きよう
やりたいことは　力いっぱいやるがいい
でも「ＮＯ」と言う勇気も持とう
女への呪縛が解ければ
男も「ＫＡＢＵＴＯ」をおけるだろう
みんなの智慧と力をつなげて

輝くしずくを
小さな流れもやがては大きな河に
そして　幸せの海が待つことを信じよう
人と人とのつながりの先に
幸せがほの見える

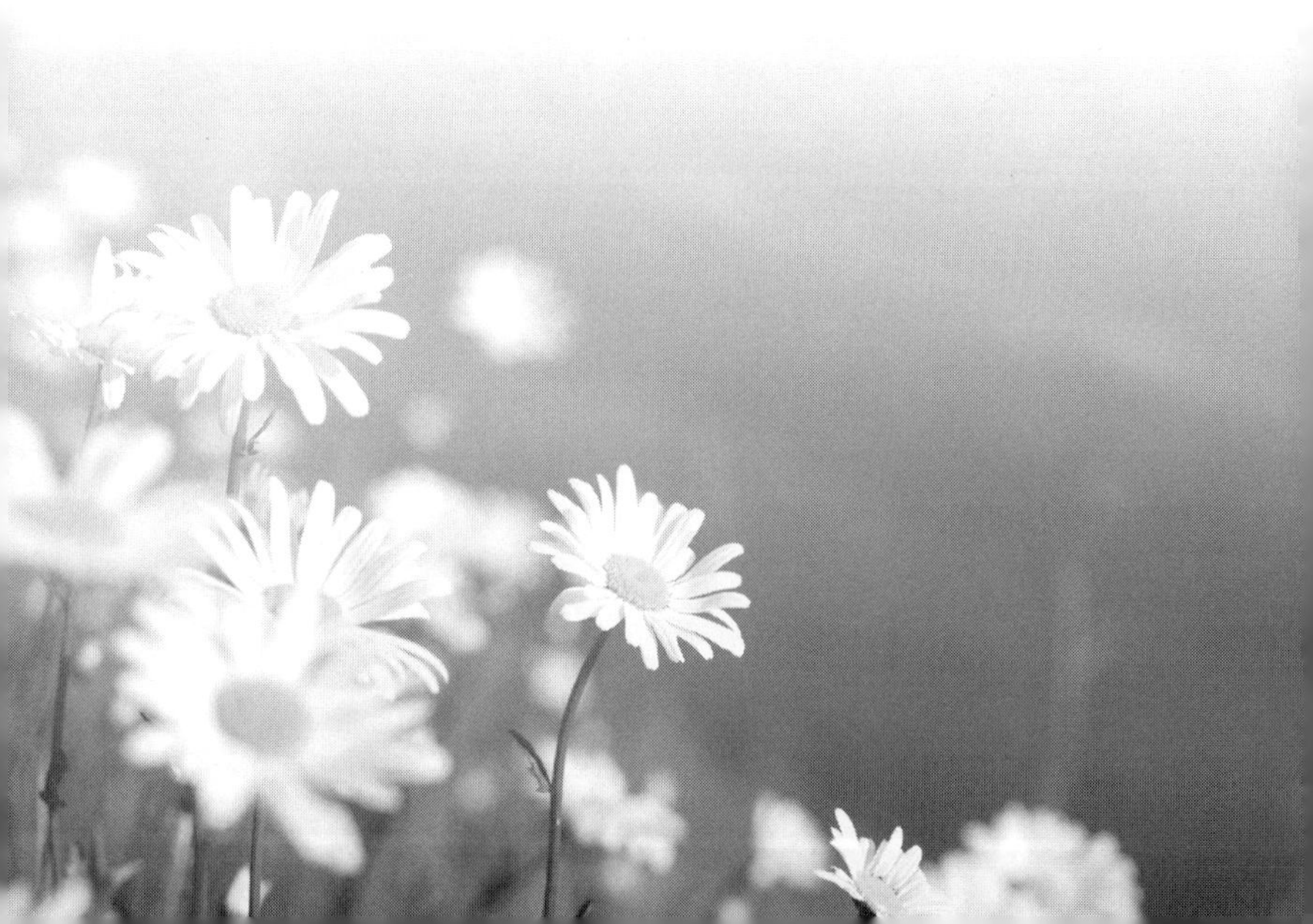

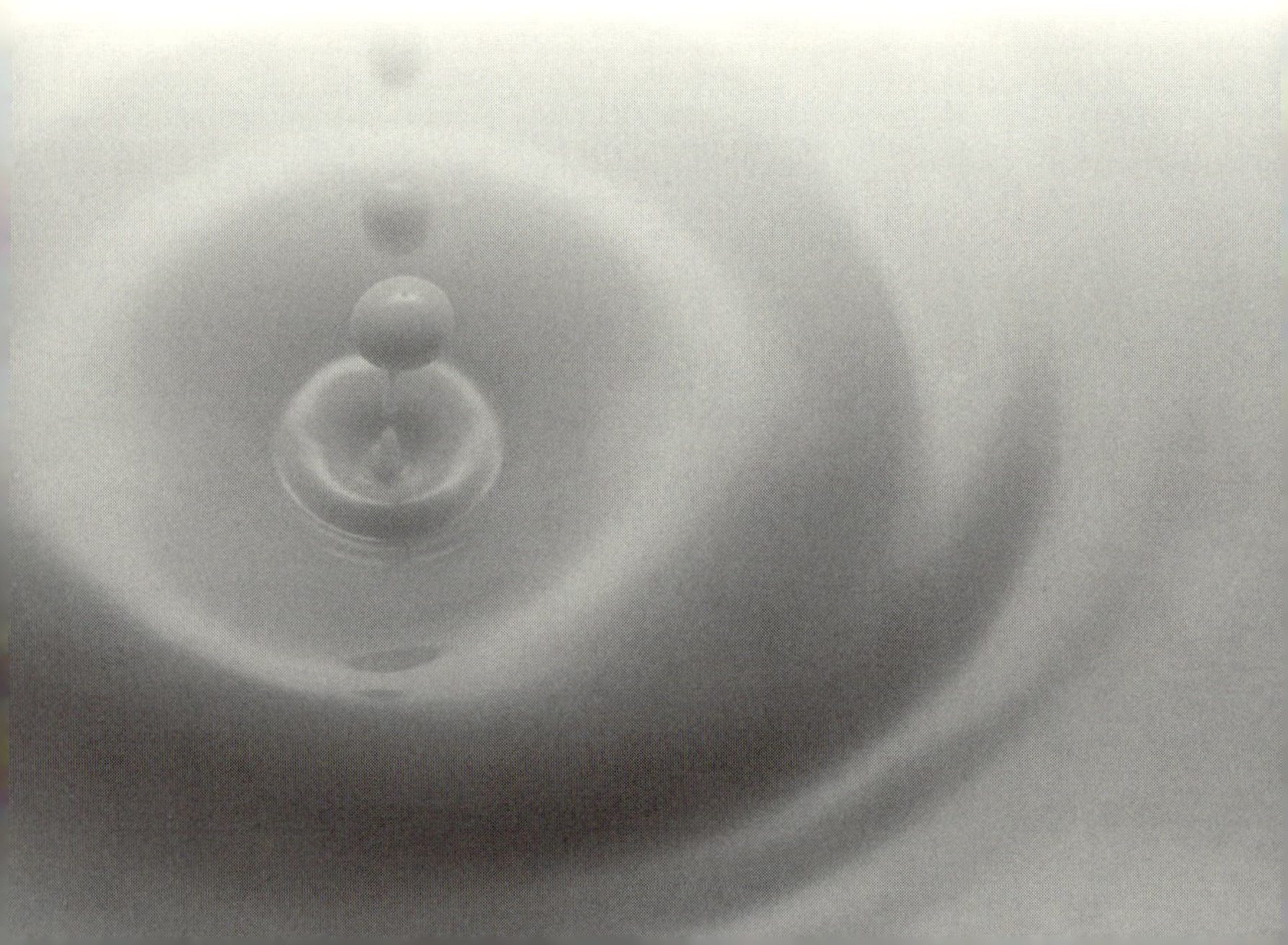

巻末資料

本文では、ライフサイクルに沿った様々な課題を取り上げました。これらの課題を解決するためには、現状を知ることが大切です。時代とともに、私たちの暮らしも変わります。本文とあわせて、資料をご覧ください。

年表では、この変化の中で、一つの女性団体がどのように立ち向かっていったかを読み取ってほしいと思います。

1．国際的な指標
2．女性のライフサイクルに関わる統計（結婚、妊娠、出産、性感染症、望まない妊娠など）
3．男女の関係性に関わる統計（ストーカー、ＤＶ、リベンジポルノなど）
4．年表

出典　1．内閣府ＨＰより一部改編
　　　2．厚生労働省ＨＰより一部改編（概数を含む）
　　　3．警察庁ＨＰより一部改編
参考　日本赤十字社、公益財団法人エイズ予防財団ＨＰ

【1】国際的な指標

①世界幸福度ランキング（世界幸福度報告書2017）
51位／155か国
国内総生産、社会的支援、健康寿命、社会的自由、寛容さ、汚職のなさ（社会の腐敗度）などの6要素

②HDI（人間開発指数）
17位／188か国（2015年）
出生時の平均寿命、知識（平均就学年数および予想就学年数）、一人あたり国民総所得を用いて算出した人間開発の達成度を示す指数

③GDI（ジェンダー開発指数）
55位／160か国（2015年）
人間開発における男女格差を表すもので、男女別の人間開発指数の比率で示される。
各国のGDIランキングは、HDIにおける男女平等からの絶対偏差に基づいており、男性優位の不平等も女性優位の不平等も同じ扱いでランキングに反映される。

④　ＧＩＩ（ジェンダー不平等指数）

21位／１５９か国（２０１５年）

国家の人間開発の達成が男女の不平等によってどの程度妨げられているかを明らかにするもの。（妊産婦死亡率、国会議員の女性割合、中等教育以上の教育を受けた人の男女別割合等）

⑤　ＧＧＩ（ジェンダーギャップ指数）

１１１位／１４４か国（２０１６年）

経済分野（１１８位）

教育分野（76位）

政治分野（１０３位）

保健分野（40位）

データから算出した男女間の格差を数値化したもの。

【2】女性のライフサイクルに関わる全国の統計より（結婚、妊娠、出産、性感染症、望まない妊娠など）

①　出生数の推移

第1次ベビーブーム（昭和22～24年）	最高の出生数	2,696,638人
第2次ベビーブーム（昭和46～49年）		2,091,983人
平成26年	最低の出生数	1,003,539人
平成27年		1,005,677人

②　第1子出生時の母の平均年齢の年次推移

	昭和50年	60	平成7年	17	24	25	26	27
平均年齢（歳）	25.7	26.7	27.5	29.1	30.3	30.4	30.6	30.7

③　合計特殊出生率

全国	1.45（平成27年）	1.42（平成26年）
茨城	1.46	1.43

注）全国の合計特殊出生率の最低は平成17年の1.26。

④　平均初婚年齢の年次推移

	夫	妻
平成7年	28.5歳	26.3歳
17	29.8	28.0
23	30.7	29.0
24	30.8	29.2
25	30.9	29.3
26	31.1	29.4
27	31.1	29.4
茨城（27年）	30.8	29.1

⑤　年齢階級別にみた 妻の初婚率（女性人口千対）の年次推移

	20～24歳	25～29歳	30～34歳	35～39歳
平成7年	48.89	70.64	18.45	3.84
17	34.12	60.06	24.41	7.24
23	29.48	58.04	27.80	9.68
24	28.70	59.27	29.15	10.50
25	27.86	59.41	29.76	11.04
26	26.49	58.56	29.31	11.25
27	25.66	58.31	29.06	11.49

⑥ 人口の統計（平成 27 年）

	出生数	死亡数	乳児死亡数	婚姻件数	離婚件数
全国	1,005,677	1,290,428	916	635,096	226,198
茨城	21,700	31,024	53	13,498	5,190

注）婚姻件数は 63 万 5096 組で、前年の 64 万 3749 組より 8653 組減少し、婚姻率（人口千対）は 5.1 で前年と同率となっている。

離婚件数は 22 万 6198 組で、前年の 22 万 2107 組より 4091 組増加し、離婚率（人口千対）は 1.80 で前年の 1.77 より上昇している。

⑦ 2015 年に報告された新規 HIV 感染者・AIDS 患者の国籍・性別内訳

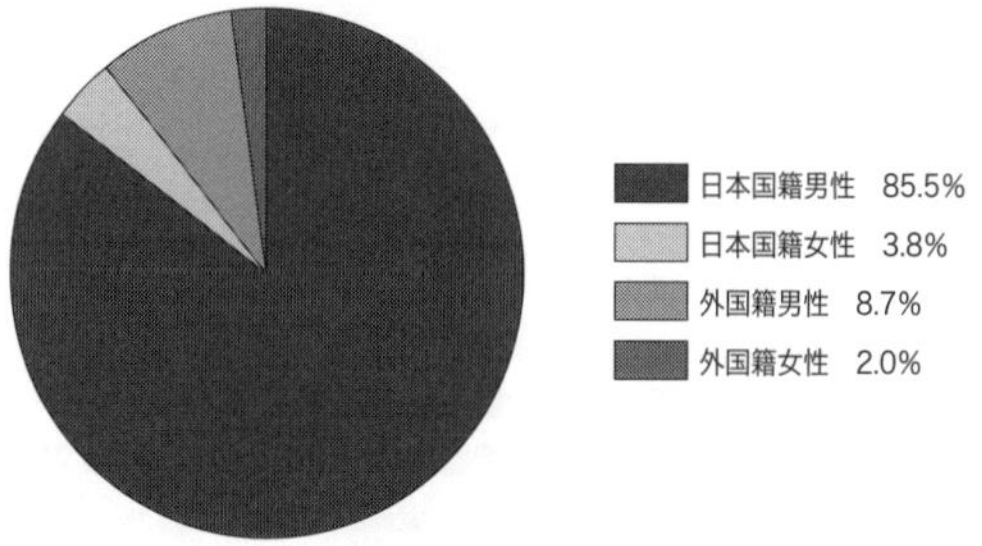

注）エイズを発症して、はじめて自分が HIV に感染していることを知る人は 3 割。病気が進行した時点で診断される例が多い。

新規 HIV 感染者の年齢別では特に 20 ～ 30 代が多い。

感染経路で最も多いのは性行為による感染。HIV は感染者の血液・精液・膣分泌液からその性行為の相手の性器や肛門、口などの粘膜や傷口を通ってうつる。

性行為におけるコンドームの適正な使用は、エイズや他の性感染症予防にとって有効な手段である。

※献血しても HIV 検査の結果は献血者に知らされません。検査目的の献血は絶対にやめましょう。

⑧梅毒報告数年次推移（男女別）

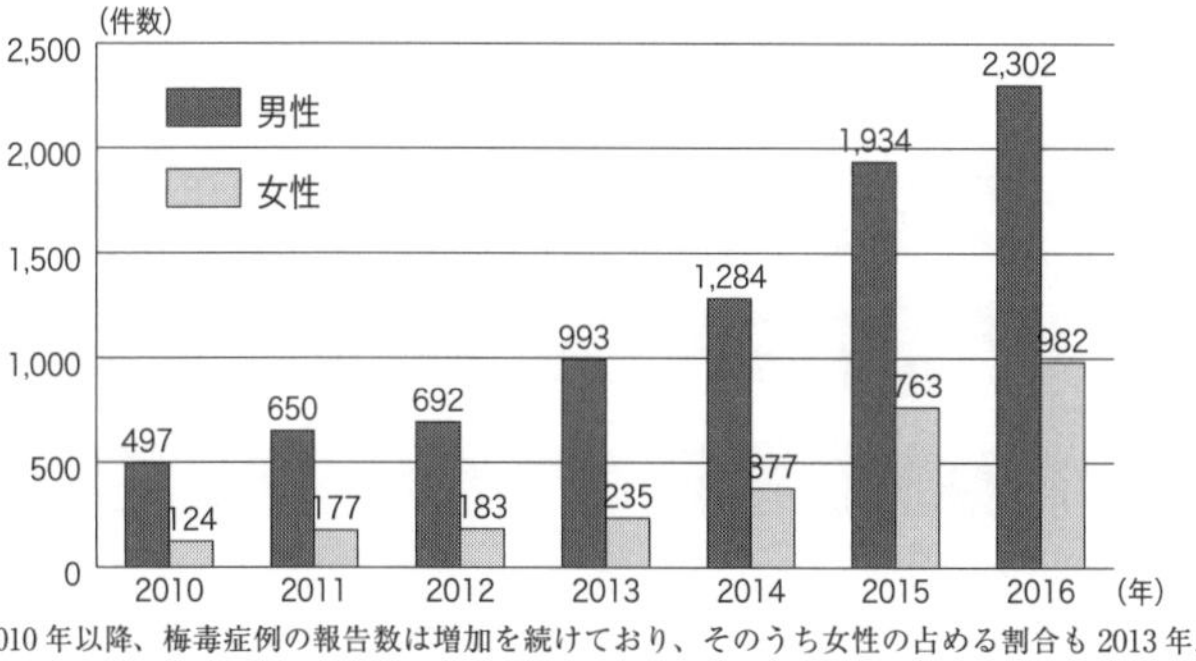

注）2010 年以降、梅毒症例の報告数は増加を続けており、そのうち女性の占める割合も 2013 年以降増加している。男性は 20 代～ 40 代、女性は 20 代の報告が多い。

出所）感染症発生動向調査事業より。

⑨ 人工妊娠中絶件数及び実施率の年次推移

	平成 23 年度	24 年度	25 年度	26 年度	27 年度
総数	202,106	196,639	186,253	181,905	176,388
20 歳未満	20,903	20,659	19,359	17,854	16,113
実施率（女子人口千対）					
総数	7.5	7.4	7.0	6.9	6.8
20 歳未満	7.1	7.0	6.6	6.1	5.5

注）実施率の「20 歳未満」は、分母に 15 ～ 19 歳の女子人口を用い、分子に 15 歳未満を含めた人工妊娠中絶件数を用いて計算した。

⑩ 年齢階級別にみた人工妊娠中絶実施率（女子人口千対）平成 27 年度

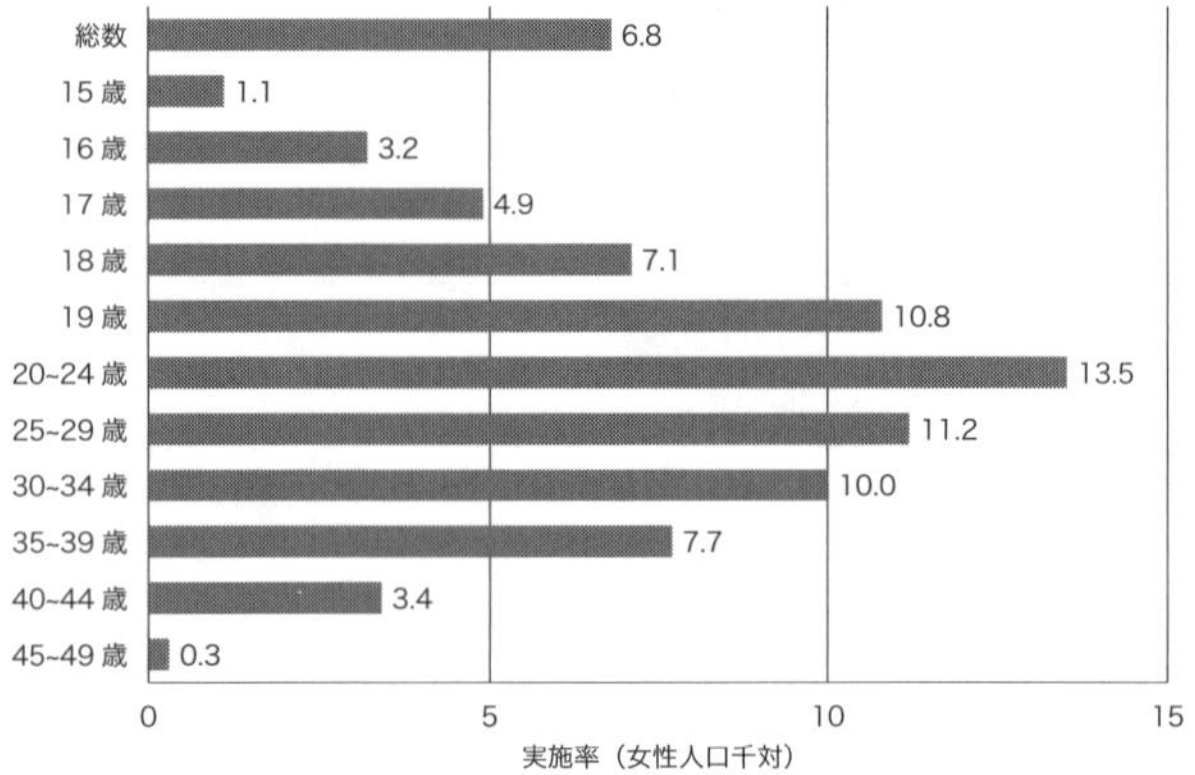

注）若年層は妊娠週数が進んでからの手術が多い傾向が指摘されている。
妊娠、避妊に関する科学的な知識が十分でないこと、妊娠を周囲に相談できず医療機関への受診が遅れて中期中絶が増加している可能性がある。

⑪ 妊娠した時どうするか（妊娠の帰結）

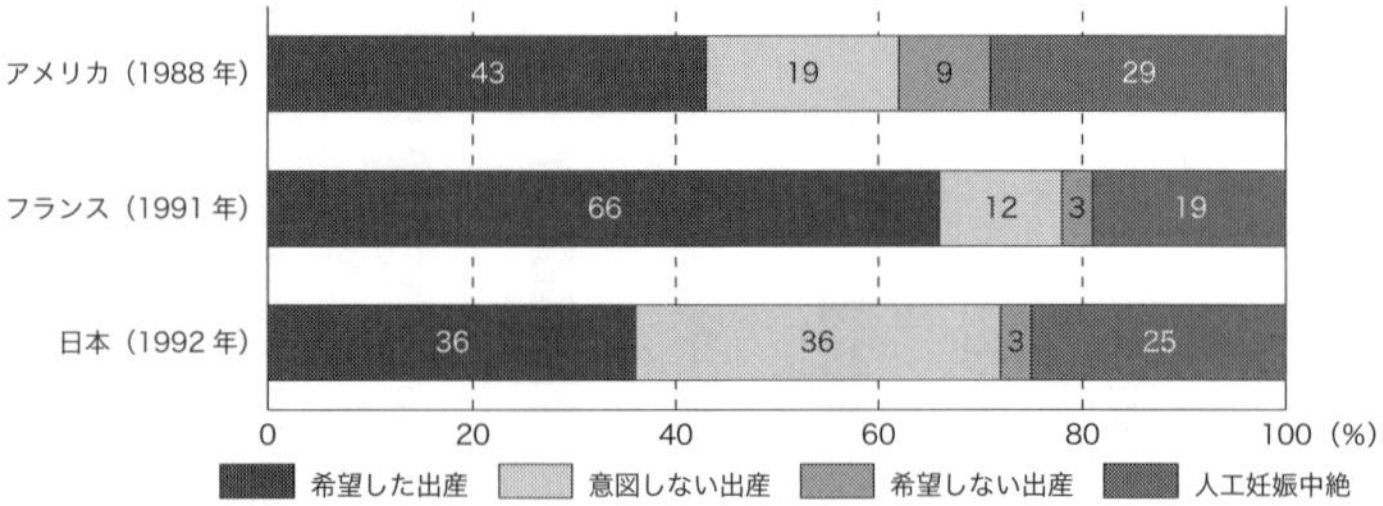

原典）The Alan Guttmacher Institute: Hopes And Realities, 1995 より。
出所）厚生労働省統計より改編。

① ストーカー事案の相談等状況

22,737件（前年比＋769件，＋3.5%）と増加し、平成24年以降は高水準で推移。

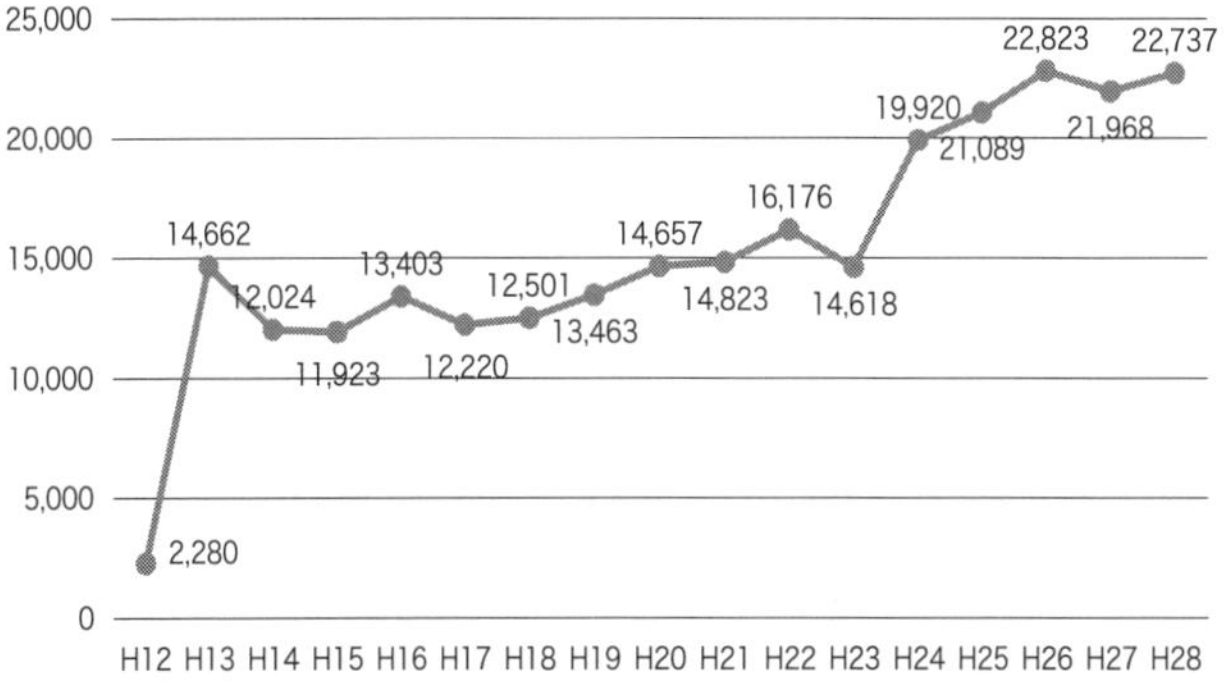

注1）執拗なつきまといや無言電話等のうち、ストーカー規制法やその他の刑罰法令に抵触しないものも含む。

注2）平成12年は、ストーカー規制法の施行日（11月24日）以降の件数。

② ストーカー事案の検挙状況

刑法・特別法の適用による検挙は1,919件（前年比＋47件、＋2.5%）、ストーカー規制法違反検挙は769件（前年比＋92件、＋13.6%）といずれも増加し、法施行後最多を記録。

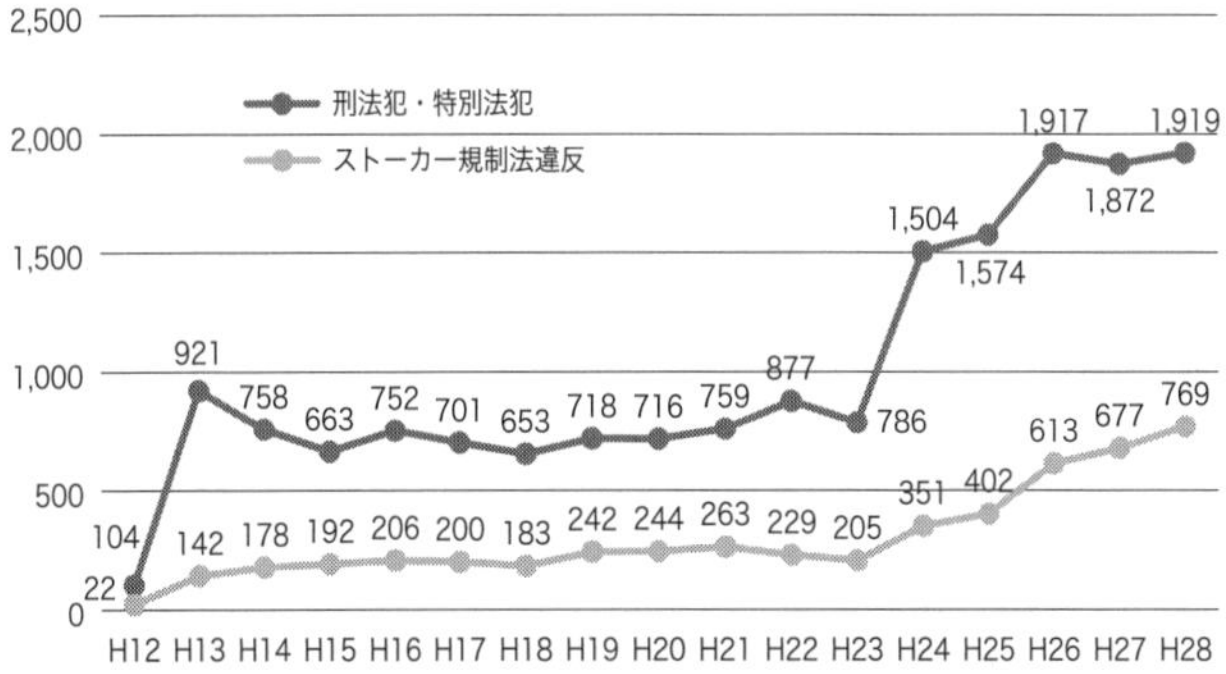

注1）検挙件数は、刑法・特別法、ストーカー規制法いずれかの罰則を適用して検挙した件数であり、刑法・特別法とストーカー規制法を同時に適用して検挙した場合を含むため、刑法・特別法検挙及びストーカー規制法違反検挙それぞれの検挙件数の和とは一致しない。

注2）刑法・特別法検挙は、複数罪名で検挙した場合は、法定刑が最も重い罪名で計上。殺人を除き、未遂のある罪については未遂を含む。「その他」は、放火、強盗、業務妨害、不正アクセス禁止法違反、私事性的画像被害防止法等。

注3）ストーカー規制法違反検挙は、同法違反で検挙した件数すべてを計上。

③　ストーカー事案の被害者・加害者の状況等

(1)　被害者の性別

	平成24年	平成25年	平成26年	平成27年	平成28年	平成28年の割合
男性	2,518	2,036	2,432	2,341	2,557	11.2%
女性	17,402	19,053	20,391	19,627	20,180	88.8%

(2)　被害者の年齢

	平成24年	平成25年	平成26年	平成27年	平成28年	平成28年の割合
10歳代	1,781	1,941	2,102	2,043	2,065	9.3%
20歳代	6,756	7,180	8,042	7,519	7,985	36.0%
30歳代	5,373	5,674	5,940	5,674	5,658	25.5%
40歳代	3,488	3,755	4,041	3,851	4,163	18.8%
50歳代	1,306	1,310	1,487	1,516	1,499	6.8%
60歳代	554	552	569	558	507	2.3%
70歳以上	137	164	199	214	273	1.2%
年齢不詳	64	80	28	23	21	0.1%

(3)　行為形態別発生状況

		平成24年	平成25年	平成26年	平成27年	平成28年
1号	つきまとい・待ち伏せ等	10,650	10,854	11,379	11,352	11,643
2号	監視していると告げる行為	1,436	1,571	1,479	1,362	1,428
3号	面会・交際の要求	10,479	11,034	10,987	10,426	10,946
4号	乱暴な言動	4,391	4,556	4,374	4,166	4,468
5号	無言電話・連続電話・メール	5,510	6,554	7,767	6,608	6,321
6号	汚物等の送付	184	154	174	139	180
7号	名誉を害する行為	969	934	874	861	929
8号	性的羞恥心を害する行為	1,182	1,189	1,135	1,134	1,253
その他（ストーカー規制法で規制されていない嫌がらせ行為等）		315	326	344	528	676

注１）複数に該当する事案は、それぞれに計上。

注２）「その他」は、ストーカー規制法第２条第１項各号に該当しない単発的なメールの送信等。

④　配偶者からの暴力事案等の相談等状況

69,908 件（前年比＋ 6,767 件、＋ 10.7％）で、法施行以後最多。

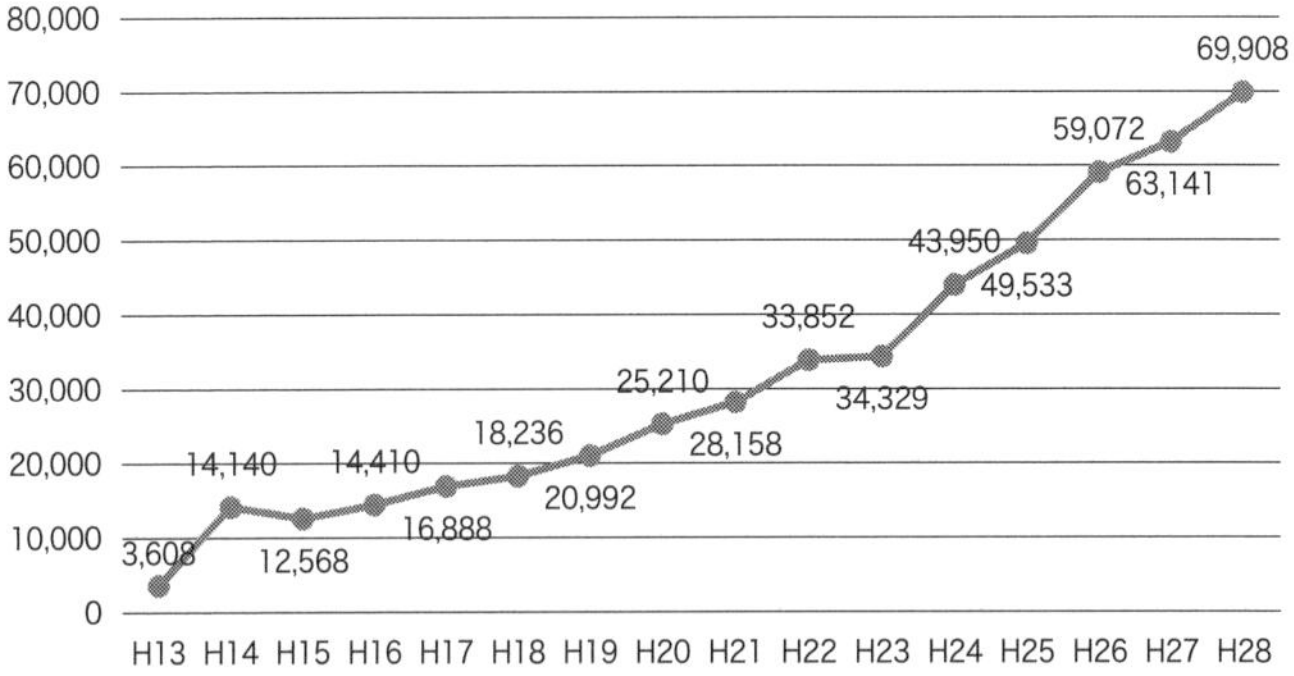

注 1）配偶者からの身体に対する暴力又は生命等に対する脅迫を受けた被害者の相談等を受理した件数。
注 2）平成 13 年は、配偶者暴力防止法の施行日（10 月 13 日）以降の件数。
注 3）法改正を受け、平成 16 年 12 月 2 日施行以降、離婚後に引き続き暴力等を受けた事案について、平成 20 年 1 月 11 日施行以降、生命等に対する脅迫を受けた事案について、また、平成 26 年 1 月 3 日以降、生活の本拠を共にする交際（婚姻関係における共同生活に類する共同生活を営んでいないものを除く。）をする関係にある相手方からの暴力事案についても計上。

⑤　配偶者からの暴力事案等の検挙状況

刑法･特別法の適用による検挙は、8,291 件（前年比＋ 377 件、＋ 4.8％）で、統計を開始した平成 15 年以降最多。

配偶者暴力防止法に基づく保護命令違反の検挙は、104 件（前年比－ 2 件、－ 1.9％）と 2 年連続で減少。

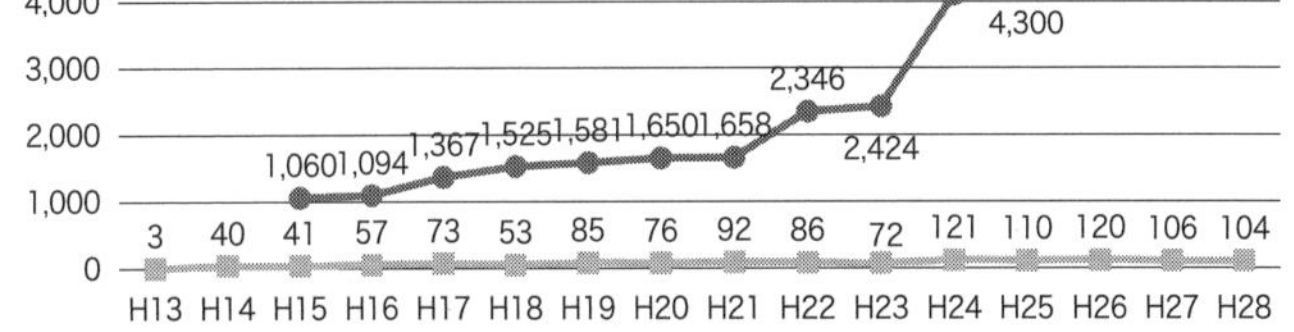

※刑法犯・特別法犯の統計は平成 15 年から集計。
注 1）検挙件数は、刑法・特別法、配偶者暴力防止法（保護命令違反）いずれかの罰則を適用して検挙した件数であり、刑法・特別法と保護命令違反を同時に適用して検挙した場合を含むため、刑法・特別法検挙及び保護命令違反検挙それぞれの検挙件数の和とは一致しない。
注 2）刑法・特別法検挙は、複数罪名で検挙した場合は、法定刑が最も重い罪名で計上。殺人を除き、未遂のある罪については未遂を含む。平成 27 年までの公務執行妨害、現住建造物等放火、覚せい剤取締法違反は、「その他」に計上。「その他」は、名誉毀損、未成年者略取、道路交通法違反等。
注 3）保護命令違反検挙は、配偶者暴力防止法（保護命令）違反で検挙した件数すべてを計上。

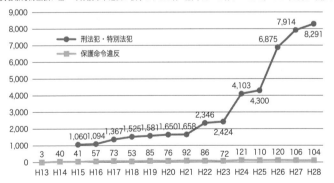

⑥　配偶者暴力防止法に基づく対応

	平成24年	平成25年	平成26年	平成27年	平成28年
医療機関からの通報	67	75	101	110	126
裁判所からの書面提出要求	2,985	2,788	2,967	2,794	2,505
裁判所からの保護命令通知	2,572	2,379	2,576	2,415	2,143
接近禁止命令のみ	179	161	185	175	135
退去命令のみ	5	4	4	2	4
接近禁止命令・退去命令	55	72	61	43	27
接近禁止命令・電話等禁止命令	1,740	1,627	1,744	1,589	1,452
接近禁止命令・電話等禁止命令・退去命令	593	515	582	606	525

⑦　私事性的画像被害防止法に係る相談等状況

(1)　被害者の性別・年齢

	平成 26 年	平成 27 年	平成 28 年	平成 28 年の割合
男性	11	102	84	7.9%
女性	99	1,041	979	92.1%
19 歳以下	24	223	236	22.2%
20 歳代	41	434	442	41.6%
30 歳代	16	257	194	18.3%
40 歳代	16	170	140	13.2%
50 歳代	7	42	40	3.8%
60 歳代	1	7	6	0.6%
70 歳以上	0	3	2	0.2%
年齢不詳	5	7	3	0.3%

(2)　被害者と加害者の関係

	平成26 年	平成27 年	平成28 年
配偶者（元含む）	2	53	32
交際相手（元含む）	68	725	736
知人友人（ネット関係のみ）	14	130	118
知人友人（それ以外）	10	113	105
職場関係者	1	21	13
不明	12	44	33
その他	3	57	26

注）「その他」は、客と従業員等。

(3)　相談等内容

	平成 26 年	平成 27 年	平成 28 年
画像を公表された	18	188	196
画像を公表すると脅された	42	502	451
画像を送りつけられた	22	245	229
画像を所持されている、撮影された	33	343	297
その他	6	28	20

注１）複数に該当する場合は、それぞれに計上。
注２）「その他」は、画像の購入要求等。

⑧　対応状況

相談等を受けた 1,063 件のうち、私事性的画像被害防止法違反で 48 件、脅迫罪、児童買春・児童ポルノ禁止法違反等、他の刑法・特別法の適用により 238 件検挙したほか、被害者への防犯指導・助言、画像の削除を含む加害者への注意・警告等を行った。

	平成26年	平成27年	平成28年
検挙件数	7	276	268

罪種別内訳

	平成26年	平成27年	平成28年
刑法・特別法検挙	7	250	238
脅迫	1	69	69
児童買春・児童ポルノ禁止法違反	1	56	35
強要	3	25	33
ストーカー規制法違反	0	18	27
名誉毀損	0	15	13
わいせつ物頒布	0	6	7
その他	2	61	54
私事性的画像被害防止法違反検挙	0	53	48

注 1）検挙件数は、刑法・特別法、私事性的画像被害防止法いずれかの罰則を適用して検挙した件数であり、刑法・特別法と私事性的画像被害防止法を同時に適用して検挙した場合を含むため、刑法・特別法の検挙及び私事性的画像被害防止法違反検挙それぞれの検挙件数の和とは一致しない。

注 2）刑法・特別法検挙は、複数罪名で検挙した場合は、法定刑がが最も重い罪名で計上。「その他」は、恐喝、強制わいせつ等。

注 3）私事性的画像被害防止法違反検挙は、同法違反で検挙した件数すべてを計上。

……………………………………………………………………………

～献血について～

献血をしても「HIV 検査」の結果は献血者には知らされません。もしも HIV 抗体ができる前に献血をすると、輸血された人に感染させる恐れがあります。検査目的の献血は絶対にやめましょう。献血は、患者さんのいのちを守る「愛の贈りもの」です。「エイズ検査目的での献血」は、善意で成り立つ献血の信頼性を脅かすもので、あってはならない行為です。輸血を受ける患者さんをはじめ、そのご家族や多くの方々に深い悲しみと深刻な状況をもたらす可能性があるのです。献血は、患者さんのいのちを守るボランティアであるとともに、患者さんの健康に直結します。16 歳から献血できます。大人も一緒に「責任ある献血」について学びましょう。

参考となる HP：日本赤十字社、公益財団法人エイズ予防財団

【4】年表

年	社会情勢	支部活動
1946年	◉戦後第1回総選挙、婦人初の参政権行使	◉大学婦人協会発足
1947年	◉「日本国憲法」施行	
1948年	◉労働省に婦人少年問題審議会設置	◉茨城支部設立
1949年	◉国際婦人デー（婦人参政権記念日） ◉日本初ノーベル賞受賞（湯川秀樹）	
1951年	◉「日米安全保障条約」調印	
1952年	◉国連婦人の地位委員会「婦人参政権条約」採択	
1953年	◉婦人週間第1回全国婦人会議	◉身の上相談を開設
1954年	◉ビキニ環礁で水爆実験　第五福龍丸被爆	
1956年	◉「売春防止法」成立 ◉日本、国際連合加盟	
1957年	◉国連婦人の地位委員会に日本初当選	
1959年	◉皇太子御成婚	
1960年	◉全学連デモ隊事件 ◉初の婦人大臣誕生（中山マサ）	◉茨城県婦人団体連絡会を創設、加入
1962年	◉財団法人婦選会館設立（理事長 市川房枝） ◉新日本婦人の会結成（会長 平塚らいてう）	◉他婦人団体との共催事業実施

1964年	◉第18回オリンピック東京大会開催 ◉「母子保健福祉法」交付、施行	
1968年	◉「消費者保護基本法」公布、施行 ◉電電公社育児休職制度実施	
1969年	◉茨城県婦人会館設立	◉茨城県婦人会館建設に参画
1970年	◉世界万国博覧会大阪で開催	◉身障者のためのバザー開催（以後継続）
1972年	◉沖縄、日本に返還	
1973年	◉石油ショック	◉セミナー「婦人の現状を再考する」参画
1974年		◉ＩＦＵＷ国際会議に出席
1975年	◉国際婦人年世界会議開催（メキシコ） ◉総理府 婦人問題担当室を設置 ◉「育児休業法」成立（女性教員、看護婦、保母）	◉留学生との懇親会開催 ◉県婦連との共催で青少年問題、消費者問題、経済問題、政治問題を考える会開催
1976年	◉「国連婦人の10年」1976〜1985年 ◉民法改正（離婚後の氏の選択が自由に）	
1977年	◉「国内行動計画」策定 ◉国立婦人教育会館設置	◉支部「源氏物語講座」開講（以後継続）
1978年	◉総理府、第1回婦人白書発表 ◉茨城県 生活福祉部に青少年婦人課 婦人問題担当係発足	
1980年	◉初の女性大使（高橋展子・デンマーク） ◉第2回世界女性会議（コペンハーゲン） ◉日本「女子差別撤廃条約」に署名	◉県明るい選挙推進協議会、県消費者団体連絡会、婦人団体連絡会等との共催事業への参画

●民法改正（配偶者相続分アップ）		
●茨城県 婦人児童課において婦人問題を担当	1981年	●全国セミナーで「婦人と福祉」調査研究発表
●茨城県婦人海外派遣「婦人のつばさ」初フライト ●茨城婦人問題研究会発足	1982年	●「青少年問題研究レポート」を作成 ●茨城県 国際交流セミナーに参画
	1983年	●「成人教育調査」まとめる
●「国籍法」改正（父母両系主義採用）	1984年	●「国際理解と教育」報告書作成
●「男女雇用機会均等法」制定 ●日本「女子差別撤廃条約」批准 ●第3回世界女性会議（ナイロビ） ●国際科学技術博覧会、筑波研究学園都市で開催	1985年	●「家庭科教育に関する意識調査」を実施、報告書作成
●茨城県婦人団体連盟発足	1986年	●「生涯教育の新しい構想―生涯教育と女性の再就職―」報告書作成 ●茨城県婦人団体連盟に加入
●「西暦2000年に向けての新国内行動計画」策定 ●茨城県立婦人教育会館開館	1987年	●「発展と教育―生涯学習体系実現のために―」調査研究実施
	1988年	●「家庭における男女共同参加、政策方針決定への女性の参加」実態調査を実施
●昭和天皇崩御 ●消費税導入（3％）	1989年	●「茨城県における女性のリーダーシップ―その分析と実践活動―」報告書作成
●バブル崩壊のはじまり ●東西ドイツ統一	1990年	●「茨城の歴史と民俗」講座開講 ●パネルディスカッション「もっと知りましょう、身近な

◉茨城県女性対策推進本部の設置		国々を」開催
◉ソ連邦消滅 ◉茨城県婦人児童課に「女性対策推進室」設置 ◉茨城県「いばらきローズプラン21」策定	１９９１年	◉「地域社会における開発教育―開発教育に関する意識と教科書の調査―」調査研究 報告書作成 ◉講演会「女性と開発教育を考える」開催
◉「育児休業法」公布 ◉「国連平和維持活動（ＰＫＯ）法」成立 ◉学校週休２日制導入	１９９２年	◉「地域社会における環境教育の実践―環境教育の方法論を学ぶ―」調査研究、報告書作成
◉世界人権会議開催（ウィーン） ◉茨城県婦人児童課に「女性青少年室」設置 ◉中学校家庭科の男女必修実施	１９９３年	◉「高齢社会と地域―いま社会が動く老人福祉―」報告書作成
◉米シャトル宇宙実験（向井千秋氏同乗） ◉日本「子どもの権利条約」批准 ◉茨城県「女性青少年課」設置	１９９４年	◉「高等教育と女性―その社会的還元を阻むもの―」研究発表 報告書作成
◉阪神・淡路大震災 ◉地下鉄サリン事件 ◉高等学校で家庭科の男女必修実施 ◉第４回世界女性会議、同時にＮＧＯフォーラム開催（北京） ◉「育児・介護休業法」制定	１９９５年	◉ＩＦＵＷ総会（横浜）で「高等教育と女性」発表 ◉第４回世界女性会議ＮＧＯフォーラム（北京）に支部から多くの会員が参加
◉「児童の商業的性的搾取に反対する世界会議」開催（スウェーデン） ◉優生保護法一部改正「母体保護法」となる ◉「男女共同参画２０００年プラン」策定	１９９６年	◉「女性の参画をすすめるために―調査・研究から行動へ」調査研究、報告書作成、県知事へ提言 ◉支部シンポジウム「よりよき明日をめざして」開催

◉茨城県「いばらきハーモニープラン」策定 ◉消費税（5％） ◉「男女雇用機会均等法」改正 ◉「介護保険法」公布 ◉地球温暖化防止会議（京都）で京都議定書採択	1997年	◉主催シンポジウム「働く女性と育児支援」開催 ◉「女性が働き続けるために」調査研究
◉那珂川水害 ◉「厚生白書」少子化問題を初の主要テーマに ◉「労働基準法」改正 ◉国連「女性に対する暴力撤廃決議」採択	1998年	◉「国際化と女性の人権～茨城におけるNGOの新しい動き～」調査研究、報告書作成 ◉共催シンポジウム「国際結婚と人権―在住アジア人女性は今―」開催
◉「男女共同参画社会基本法」公布、施行 ◉「児童買春・児童ポルノ処罰法」公布、施行 ◉茨城県 女性青少年課を福祉部から知事公室に ◉東海村の核燃料工場で国内初の臨界事故 ◉「情報公開法」成立 ◉「食料・農業・農村基本法」公布、施行	1999年	◉「茨城の歴史」「源氏物語」講座開催 ◉ワークショップ「考えよう 子育てサポート」実施（いばらき国際女性会議） ◉人権に関する県内男性への調査実施 ◉パネルディスカッション「女性への暴力―その背景を探る―」開催、報告書作成 ◉共催シンポジウム「ストップ・女性への暴力」
◉男女共同参画室 初の「男女間における暴力に関する調査」結果発表 ◉国連特別総会（ニューヨーク）で「国連女性2000年会議」政治宣言等を採択 ◉「児童虐待防止法」「犯罪被害者保護法」成立 ◉「ストーカー行為規制法」全国警察本部に対策専従班 ◉「介護保険制度」スタート	2000年	◉「若者の意識と実態」調査実施、報告書作成 ◉共催講演「北京からニューヨークへ」 ◉国連女性2000年会議に支部から参加、ワークショップで「ストップ・女性への暴力」発表 ◉ワークショップ「必要なの？ 女らしさ・男らしさ」実施（2000年いばらき女性会議） ◉大学生との懇談会「ジェンダー・ディファレンスをなく

◉少年法改正（刑罰対象年齢を16歳から14歳）		すための問題点は何か?」実施
◉内閣府に「男女共同参画局」「男女共同参画会議」設置、厚労省に雇用均等・児童家庭局 発足 ◉「DV防止法」公布、施行 ◉「育児・介護休業法」改正、子どもの看護休暇制度化 ◉「茨城県男女共同参画推進条例」施行	2001年	◉シンポジウム「男らしさの再定義」開催 ◉JAUW全国セミナーで「男女平等教育」発表、報告 ◉男女平等教育リーフレット「あたりまえだという前に」（家庭編・学校編）日本語版・英語版作成 ◉IT活用講座開始（2004年まで継続実施）
◉学習指導要領実施「ゆとり教育」スタート ◉「茨城県男女共同参画基本計画（新ハーモニープラン）」策定	2002年	◉ワークショップ「ICTと女性をめぐる諸問題 ～その光と影」実施（茨城県 男女共同参画県民フォーラム） ◉JAUW全国セミナーで「ICT社会と女性」発表、報告 ◉委託事業「市町村意識に関する調査」支部実施
◉国際協力機構（JICA）の初代理事長に緒方貞子就任 ◉「個人情報保護法」公布	2003年	◉シンポジウム「ネット社会とわたし」開催 ◉JAUW全国セミナーで「情報リテラシーのエンパワーメントとIT化による優しさの実現」発表、報告
◉「児童虐待防止法」改正 ◉「裁判員制度法」公布 ◉「年金法」改正（離婚時の年金分割可能になる）	2004年	◉「男女共同参画出前講座」県内で実施（以後継続） ◉JAUW全国セミナーで「21世紀に男女平等は実現するか」発表 ◉共催 講話&パネルディスカッション「変わる結婚・女と男～パートナー関係の模索」
◉「北京＋10会議」（ニューヨーク）宣言と決議 ◉茨城県「女性プラザ男女共同参画支援室」開設 ◉「第2次男女共同参画社会基本法計画」閣議決定、社会的性別（ジェンダー）と文中表記	2005年	◉講演会「イスラームの女性観～理想と現実」開催
◉東アジア男女共同参画担当大臣会合で「東京閣僚共同コ	2006年	◉講演会「変わりゆく世界、変わりゆく男と女」開催

	ミュニケ」採択	◉共催シンポジウム「お父さんも子育て」 ◉「多様な生き方への模索」報告 ◉委託事業「茨城県内自治体事業所、男女共同参画に関する調査」集計・分析、報告書作成
2007年	◉第一回世界ジェンダー統計フォーラム（ローマ） ◉ワーク・ライフ・バランス「憲章」・「行動指針」策定	◉支部アーカイブス「MYWAY」開始（以降継続実施） ◉JAUW全国セミナーで「教育とジェンダー」発表、報告
2008年	◉茨城県初の女性市長誕生（常総市）	◉「若者の意識と実態Ⅱ」調査実施（委託事業） ◉中学生・高校生向け啓発リーフレット「大人に向かって成長していくあなたへ」作成
2009年	◉「育児・介護休業法」改正	◉「ITステップアップ講座」2011年まで継続実施 ◉座談会「若者の意識を知ろう～職業観・結婚観」実施 ◉保護者・教師向け啓発小冊子「心とからだを大切に～若者に増えているトラブル」作成
2010年	◉「第3次男女共同参画社会基本計画」閣議決定 ◉「児童扶養手当法」改正（母子家庭に加え低所得の父子家庭にも支給）	◉IFUW総会（メキシコ）に参加、ワークショップで「若者の平等意識の改善に向けて」発表、報告 ◉「茨城県若者のデートDVの実態」報告（思春期の心とからだサポート研修会）
2011年	◉東日本大震災・東京電力福島第一原発事故発生 ◉「茨城県男女共同参画基本計画（第2次）」策定	◉講演会「不安解消！もっと素敵に情報発信」開催 ◉ワークショップ「『思い』が伝わる広報物にしよう」参画、報告
2012年	◉日本の子ども（18歳未満）の貧困率14・9％で、先進35カ国中27位（ユニセフ発表）	◉家庭科教育研究（本部と協働・参加）、県内高校生対象調査の集計

◉国「被災者支援法」成立・（原発事故で被災した子どもや妊婦の医療費減免など）		◉支部アーカイブス「ＭＹ ＷＡＹ」Vol 発行
◉民法改正（非嫡子の相続） ◉「労働者派遣法」改正	2013年	◉市民企画講座「より良いパートナーシップをめざして」（水戸市男女平等推進月間共催事業、以後継続して参画） ◉「県内高校生の意識と家庭科に関する調査」まとめる
◉内閣府に「すべての女性が輝く社会づくり本部」設置 ◉茨城県「ウィメンズパワーアップ会議」設置 ◉消費税（８％）	2014年	◉「家庭科における男女平等教育の現状と課題」の調査結果を報告（茨城県高等学校教育課程研究協議会） ◉共催講演会「男女ともに輝くために～音楽の場合」開催 ◉「県内大学生の交際および男女平等意識に関する調査」まとめる ◉茨城大学連続出前講座　Ⅰ実施、報告
◉「北京＋20」（ニューヨーク）で宣言採択 ◉「女性活躍推進法」制定 ◉「第４次男女共同参画社会基本計画」閣議決定 ◉マイナンバー始まる ◉関東・東北豪雨 ◉「安全保障関連法」成立	2015年	◉茨城大学連続出前講座　Ⅱ実施、報告 ◉講話&パネルディスカッション「地域社会と女性の活躍～人口減少、エコシステムのなかで」開催
◉「公職選挙法」改正（選挙権18歳に引き下げ）	2016年	◉本「ＹＯＲＯＩを脱いで…」作成のため編集会議を重ねる

著者紹介

一般社団法人ＪＡＵＷ（大学女性協会）茨城支部

茨城支部は、ＪＡＵＷ（大学女性協会）の下部組織として、１９４８年（昭和23年）に設立された。

男性も女性も　ともに
人として　自分らしく
生きていける社会をめざして

■目　的　◉男女共同参画社会の推進を図る／◉国際理解と協力を図る
■内　容　◉全国組織が企画する事業への参加、協力／◉調査研究活動・報告書の作成／◉出前講座の実施／◉支部定例会の開催／◉県内の他団体との連携による事業／◉支部だよりの発行
■連絡先：（一社）大学女性協会（ＪＡＵＷ）茨城支部
http://jauw-ibaraki.net

※本書の出版に際し、大好きいばらき地方創生応援事業の助成金と特定非営利活動法人ひと・まちねっとわーく地域活躍支援事業の助成金をいただきました。

YOROIを脱いで・・・
――女たちが生き抜いた地域活動の軌跡と展望

2017年10月15日第1版第1刷発行　　検印省略

著　者――一般社団法人 JAUW（大学女性協会）茨城支部

発行者――前野　隆

発行所――株式会社 文眞堂
〒162-0041 東京都新宿区早稲田鶴巻町533
TEL：03（3202）8480 / FAX：03（3203）2638
HP：http://www.bunshin-do.co.jp/
振替 00120-2-96437

印刷……モリモト印刷
製本……イマヰ製本所
装丁……権徳文

 ISBN978-4-8309-4965-4　C0036
定価はカバー裏に表示してあります